话说石油

Petroleum Stories

编委会主任　焦方正

蓝海探宝

大闹龙宫夺油气

王一端　张功成
庄　涛　黄英俊　等编著

图书在版编目（CIP）数据

蓝海探宝：大闹龙宫夺油气 / 王一端等编著 .
北京：石油工业出版社，2024.10. --（话说石油）.
ISBN 978-7-5183-7045-0

Ⅰ . F407.22-49

中国国家版本馆 CIP 数据核字第 2024JK4291 号

出版发行：石油工业出版社
（北京安定门外安华里 2 区 1 号　100011）
网　址：www.petropub.com
编辑部：（010）64523757　　图书营销中心：（010）64523633
经　　销：全国新华书店
印　　刷：北京中石油彩色印刷有限责任公司

2024 年 10 月第 1 版　2024 年 12 月第 2 次印刷
710×1000 毫米　开本：1/16　印张：15.25
字数：205 千字

定价：60.00 元
（如出现印装质量问题，我社图书营销中心负责调换）

丛书编委会

编 写 组

组　　长：王一端　张功成

副 组 长：庄　涛　黄英俊

成　　员：（按姓氏笔画排序）

王　博　王永璐　王华东　兰春龙　刘旭明　刘原实

张贺恩　林大朋　岳渤峥　赵　伟　高　攀　黄祺茗

曹雪峰　宿永鹏　韩　鑫　魏颂珂

编写顾问：王同良　胡森林　张闻天

审稿专家：（按姓氏笔画排序）

马　克　吕冯君　朱明英　刘秀华　孙晋美　何　杰

宋志天　杨梦露　张　纯　赵秀娟　高　磊　唐　亮

黄　莎　程云涛

序

创新是引领发展的第一动力。2016 年，习近平总书记提出创新发展的“两翼理论”，把科学普及放在与科技创新同等重要的位置，希望广大科技工作者以提高全民科学素养为己任，“在全社会推动形成讲科学、爱科学、学科学、用科学的良好氛围，使蕴藏在亿万人民中间的创新智慧充分释放、创新力量充分涌流”。

新时代新场景，做好科学普及、讲好科技创新故事、提高公民科学素质、厚植科学文化，既是建设世界科技强国的迫切需要，也是科学家、企业、社会组织等各界力量义不容辞的社会责任和历史使命。

历史波澜壮阔，油气熠熠生辉！人类利用石油已有逾千年的历史。美国人哈维·奥康诺所著《世界石油危机》中写道：“德雷克在宾夕法尼亚西部钻掘而开创近代石油工业，近 2000 年前，聪明的中国人就已经在四川和陕西开掘了深达 3500 英尺的深井。”班固（公元 32—92 年）在《汉书·地理志》中记载：“高奴，有洧水，可爇。”

千年卓筒井，钻井活化石！四川大英卓筒井，被称为“世界石油钻井之父”。中华第一矿，梦溪续华章！ 1905 年，延一井出油，中国现代陆上第一口油井诞生。大地沉睡亿万年，松基三井破云天！ 1959 年，大庆油田横空出世。“五朵金花”次第开，中国炼油奠强基！ 1965 年，中国石油产品实现了当时供给水平上的全部自给。春江潮水连海平，海上明月共潮生！ 2010 年，“海上大庆”建成，半世纪美梦成真。磨刀石上闹革命，低渗透中铸丰碑！ 2013 年，“西部大庆”建成，实现油气当量年产 5000 万吨。千万吨炼油百万吨乙烯，炼化一体化闪耀绽神州！ 2022 年，中国成为世界第一大炼油国、第一大乙烯生产国。2023 年，中国原油产量达 2.08 亿吨，世界排名第六；天然气产量达 2300 亿立方米，世界排名第四，全面跨入产油气大国。

讲好中国石油科技创新故事，是贯彻落实习近平总书记重要指示批示精神的具体举措。回望过往，我国石油工业发展史是一部艰苦奋斗史，也是一部石油精神、大庆精神铁人精神传承史，更是一部科技创新史。《话说石油》是一套大型石油科普史话丛书，通过讲好石油科技创新故事、弘扬石油精神和石油科学家精神，突出体现科技创新对石油工业发展的重大推进作用。丛书分为《“石化”实说——你已经离不开石油》《“油”来已久——漫话石油历史》《“油”然而生——脑海里的石油梦》《石破天惊——世界特大油气发现》《地宫掘金——唤醒地下沉睡的黑金》《利器在握——石油工程技术精粹》《人间奇迹——油气超级工程》《蓝海探宝——大闹龙宫夺油气》《点石成金——石油变身的魔法》《源源不断——能源秀场出新秀》十个分册，选取有代表性的人物和事件，用讲故事的方式，以图文 + 音视频的形式展现石油科技历史，让社会公众在故事中了解石油、认知石油，从而热爱石油、传播石油知识、弘扬石油文化。

《话说石油》是一部壮丽的石油科技历史画卷。一部艰难创业史，几多科技新篇章。宁肯心血熬干，也要高产稳产，寄托科技梦想；无畏早生华发，引得油气欢唱，奏响盛世华章。《话说石油》也是一曲弘扬科学家精神的历史壮歌。以生动感人的石油科学家创新故事，诠释胸怀祖国、服务人民的爱国精神，勇攀高峰、敢为人先的创新精神，追求真理、严谨治学的求实精神，淡泊名利、潜心研究的奉献精神，集智攻关、团结协作的协同精神，甘为人梯、奖掖后学的育人精神。《话说石油》也是一部石油知识的百科全书。以故事为媒介，系统性地为社会大众提供全方位的石油知识，传承石油工业进步的智慧与力量，拓展知识视野和学习资源，促进石油工业多学科间的交叉与融合，为提高全民科学素养奠定坚实基础。《话说石油》更是一部多媒体全书。通过图书、动漫、视频、音频全媒体形式，以故事叙述为主线，围绕石油的某个主题领域讲科技、讲事件、讲热点，着重体现石油科技与人文的结合、与生产的结合、与社会生活的结合，其中，动漫、视频、音频既作为图书的富媒体，也独立成集，形式丰富，内容系统全面，形象、生动、直观、趣味横生、引人入胜。

掩卷沉思，精品难得！《话说石油》饱含石油院士和百余名专家学者的心血、智慧，凝结专业编辑团队的辛劳汗水。攀高山之巅，涉江河之源，方知高山之峻，江河之奇！希望广大读者，从中启迪心智、增加知识、开阔眼界、追溯历史、面向未来。我相信，本套丛书一定会为传播石油知识、弘扬石油精神贡献力量，发挥作用。

中国科学院资深院士（102岁）李德生

2024年10月17日

分册前言

为了贯彻落实习近平总书记关于科普工作的重要指示批示精神，2022年，中共中央办公厅、国务院办公厅印发《关于新时代进一步加强科学技术普及工作的意见》，明确提出：企业要积极开展科普活动，加大科普投入，把科普作为履行社会责任的重要内容。中国石油党组明确要求，要打造“科普中国石油”品牌，把科研成果和科技知识转化为深入浅出、通俗易懂的科普作品，讲好石油故事，普及石油知识，不断扩大社会影响和传播范围。为此，中国石油牵头组织石油行业相关领域院士专家，编写出版一套集图书、动漫、视频、音频为一体的科普史话系列丛书《话说石油》。这是中央企业积极开展科普活动，履行社会责任的生动实践，也是普及科技知识、弘扬科学精神、传播科学思想、倡导科学方法的创新活动。

《话说石油》共十个分册，《蓝海探宝——大闹龙宫夺油气》是其中的第八个分册。哪吒闹海大闹了龙宫，吓得老龙王惶惶不安，到天庭去告状。中国海油人在开发蓝色国土、向海洋要油要气的进程中，坚持以“敢下五洋捉鳖”的英雄气概，翻开海底找油气，也大闹了龙宫。

我国的海洋石油工业，是在一穷二白的基础上起步的，是在改革开放的环境下发展起来的，是在突飞猛进的节奏中屹立在世界东方的。

1945年，我国渔民在莺歌海海域发现油气苗，从1956年开始陆续报矿。1960年，我国钻探了一口20多米深的“英冲1井”，并用罐头瓶从海里捞出原油150公斤。到2023年底，我国的海洋石油年产量达到了6200万吨、天然气年产量达到238亿立方米，“海上大庆”如期实现，我国最大石油生产基地在海上建成，“蓝鲸1号”“海洋石油

981”“南海 1 号”等海洋石油重器陆续诞生。我国已是世界海洋石油大国，已建成完整的海洋石油工业体系。

《蓝海探宝——大闹龙宫夺油气》一书的编写，就是为了普及海洋石油工业知识，回顾海洋石油工业的发展历程，检阅海洋石油工业的辉煌成就，展望海洋石油工业的美好未来。

参加本书总体编写思路设计的有张卫国、章卫兵、王一端等，主编为王一端、张功成，副主编为庄涛、黄英俊，编写人员为王永璐、岳渤峥等，专家顾问为王同良、胡森林、张闻天等，组织协调人员有沈瞳瞳等。

本书编写过程中，得到了《话说石油》丛书编委会的正确领导和悉心指导，得到了中国海油及中国石油有关领导、部门、地区公司的大力支持，得到了赵秀娟等众多专家的帮助，还得到了众多照片、视频拍摄者和提供者的支持，在此表示衷心感谢！

本书部分图文因年代久远，无法核实原始作者，请与编辑部联系（010-64523757），即奉稿酬。

由于编者专业所限、史料缺乏等原因，书中疏漏之处在所难免，敬请读者批评指正。

谨希望本书能为读者打开一个了解世界海洋石油工业的窗口，以关注和推动我国海洋石油工业的发展。

目录

海洋平台展神威　·63

海洋石油平台是为海上进行钻井、采油、集运、观测、导航、施工等活动提供的生产与生活设施构筑物。海上钻井离不开平台，海上采油离不开平台，海上油气加工也离不开平台，海洋石油平台是海洋石油人开展海洋油气勘探开发的必备利器。

巨轮蹈浪做“CT”　·87

海洋浩瀚无垠，海底油气资源丰富。但是，在茫茫的大海中，有几百米甚至几千米深的水层，海底下还有几千米厚的岩石层，看也看不见，摸也摸不着，石油到底在哪，又该怎么找呢？探查海洋石油使用的最普遍方法，就是在船上装上特殊的设备，通过人为制造地震的方法，绘制地震勘探成果图。地震勘探与医学中的超声波检测非常类似，因此地震勘探被形象地称为给地球做“CT”。

海洋巨人“981” ·109

哪吒闹海的故事，在中国民间广为流传。哪吒之所以敢闹龙宫，为民除害，除了他身怀绝技外，还要仰仗风火轮、乾坤圈、混天绫、火尖枪等神器。中国海油为了保障国家能源安全，在与海洋的斗争中，也研发制造了自己的镇海神器——“海洋石油 981”。

“深海一号”镇南疆 ·137

在海洋中开采油气与陆上开采油气相比，有着非同寻常的难度。面对暗流涌动的海体和排山倒海般的狂啸巨浪开展施工作业，简直难上加难。在困难和挑战面前，中国海油人与惊涛骇浪展开了英勇顽强的搏斗，攻克了一道道难关，拿下了一个个海上油气田。其中最具代表性的“深海一号”大气田开采项目的实施，把海洋油气田开发推向了巅峰水平。

超级“保姆”储运忙 ·161

在海洋里发现并开采出了石油，但很关键一点还要把它收集储存起来，运到岸上以备利用，这便是海洋石油储运。海洋石油储运要比陆地储运复杂得多，其方式大体可分为储卸油船、船舶运输、管道运输等。石油行业内把这些油气储运设施形象地称为海上超级“保姆”。

劈波斩浪保平安　·185

海洋油气资源开发是一项十分危险的工作，恶劣的海洋环境、微小的设备故障、不经意的操作失误，都可能会对海上油气生产带来灾难性的后果。纵观海洋油气开发的历史，像阿尔法平台爆炸事故、“深水地平线”平台爆炸事故、“渤海二号”平台沉覆等，带来了不可估量的损失和无比沉痛的教训。随着人们逐渐认识到海洋石油安全的重要性，一系列安全管理办法和技术不断涌现并逐步健全起来。

参考文献　·221

中国海油赋　·226

探海寻油百年路

东临碣石，以观沧海。

水何澹澹，山岛竦峙。

悠悠千古，无数英雄豪杰、文人雅士临海而立，遐思纷飞，望洋慨叹。他们或心驰于海中仙山之缥缈，或神往于龙宫之奇幻，或为那汹涌洪涛而震撼，或因日月高悬于沧海之上而心生敬畏，种种遐思，皆沉浸于那虚无缥缈的梦幻之境。然而，他们未曾料想在那浩渺沧海的深处，隐匿着无尽的石油宝藏。殊不知，在近代却有人独具慧眼，洞悉此中奥秘，由此，缓缓揭开了人类历史上海洋石油工业那璀璨夺目的一页。

加利福尼亚——海洋石油工业的起点

自 20 世纪 60 年代伊始，石油与天然气成为能源舞台之上当之无愧的主角。海洋石油开采，亦如一颗闪耀的新星，在众多国家的能源战略蓝图中熠熠生辉，逐渐成为其重要的发展方向。海洋油气勘探开发技术，实乃陆地油气勘探开发技术之延续与拓展，其发展历程恰似一部波澜壮阔的史诗，先后历经了由陆地至浅水、由浅水向深水的迈进，亦从最初的简易形态，逐步演变为如今复杂且系统的宏大格局。

世界上首次从水下打井出石油是在 1891 年，地点并非海洋，而是美国俄亥俄州的圣玛丽大湖。这口油井作业水深仅有 1.5 米，其施工平台不能称为海洋平台，而是湖泊平台，因其材料为木质，仅被称作“木桩”，但已初具海洋平台雏形。

>>> 圣玛丽大湖湖泊平台

>>> 遍布井架的加州海滩

提及海洋石油工业，不得不提到美国加利福尼亚州的一位房地产开发商威廉姆斯（H. L. Williams）。他给其在加利福尼亚圣巴巴拉的牧场取名为萨默兰德（Summerland），意为“夏日乐园”。初期，为了吸引会员参加集会和夏令营，威廉姆斯向会员廉价出售土地，一块土地一美元，让会员在这里建造自己的设施。然而，不久后这些土地被偷偷倒卖，一块地价格竟高达 7500 美元，原因是地下发现了石油！于是，威廉姆斯放弃房产投资业务，转而利用土地做起了石油生意。

当时，随着人类工业活动的发展，石油的用途越来越多，利益也越来越大。靠近海洋开采石油的“先行者”随之出现。1894 年，石油“探险家”们在美国加利福尼亚州太平洋沿岸发现了萨默兰德油田。众多公司蜂拥而至，都想要分一杯羹。随着参与石油开发的公司越来越多，沙滩上的油井也越来越多，海滩逐渐不够用了。

经过多年的开发实践，威廉姆斯发现，产油的井都是离海最近的，越是靠近海里，油井的产量越高，油品的质量越好。于是，他突发奇想：海底有石油！要向海底找油。

1896年，威廉姆斯和同伴们在萨默兰德海滩的潮汐地带上，钻成了最接近大海的油井。油井给他带来的效益非常可观。后来，这些石油“探险家”们又从防波堤上向海里搭建木制栈桥，将钻机放置其上钻井。由于栈桥与陆地相连，物资供应就极为方便。而且，钻机在栈桥上可随意移动，一个栈桥上可以钻许多口井，大大提升了作业的效率。

威廉姆斯的灵机一动，开启了从陆上到海里找油的先河，也让加利福尼亚成为海洋石油工业的起点。自此，随后的100多年，特别是20世纪40年代末以来，海洋石油工业得到了蓬勃发展。

>>> 加利福尼亚海滩的木栈桥平台

马拉开波湖——波起“油”涌

在南美洲有个国家叫委内瑞拉，而在委内瑞拉有一个波起“油”涌的湖泊——马拉开波湖。

1499年8月，随意大利航海家亚美利哥·维斯普奇探险的阿隆索·德奥赫达，率船队由加勒比海驶入马拉开波湖，沿途发现当地土著居民为防御野兽和敌人的侵袭，把房屋建在露出水面的木桩上。由于湖面上村落星罗棋布，恰似意大利水城威尼斯，于是探险家便将这里称为“委内瑞拉（西班牙语意为‘小威尼斯’）”，委内瑞拉的国名也由此而来。马拉开波这个名字，据说来自当地原住民勇敢的领袖玛拉（Mara）。玛拉在英勇反抗西班牙殖民者时受伤倒下，其族人高声喊道：“Marakayo！”（玛拉倒下了！），后来西班牙人以“马拉开波”命名了这座城市。

早在西班牙人到来之前，委内瑞拉的马拉开波湖附近就已经发现了石油，当地土著人称之为“梅内”，意为大地的汁水。他们使用这种石油来修补独木舟、制作火炬照明，甚至还用其来治疗疾病。然而，尽管石油的存在已经被人们所知，但在随后的300多年里，由于技术限制和市场需求主要集中在薪柴和煤炭上，马拉开波湖的石油并未得到现代意义上的规模开发。

随着世界进入了工业化时代，对能源的需求日益增长。1859年，美国宾夕法尼亚州成功钻出了第一口现代意义上的油井，这一事件开启全球石油工业的大门。这股采油热潮很快吹过加勒比海，带动了委内瑞拉石油

>>> 马拉开波湖钻井平台

工业的发展。

1910年，加勒比石油公司的子公司通用沥青公司派出地质队到马拉开波湖地区开展地质调查。1912年，在通用沥青公司总地质师阿诺尔达领导下，他们在湖的东岸地区发现了一大片油苗和几个背斜构造，并首先钻探梅因格兰德构造。1914年，第一口探井出油，日产250桶[1]（约34吨）。接着再打的两口探井都是自喷井，三口井日产超过2万桶（约100万吨/年）。但是，通用沥青公司由于花费500多万美元后经济拮据，且无力“消化”这么多原油，于是决定把这几口井卖掉。英荷壳牌公司捡到了这个大便宜。英荷壳牌公司一直关注马拉开波湖地区的石油资源，最终购得了委内瑞拉第一个大型油田（梅因格兰德油田）的开采权。后来探明，这个油田原始可采储量达1.67亿吨。

[1] 1桶≈158.9873升。

随着技术和设备的引进，马拉开波湖的石油勘探工作逐渐展开。1917年，玻利瓦尔沿海油田在马拉开波湖东北岸被发现，这是整个南美洲最大的油田之一。随后，在1920年，委内瑞拉在马拉开波湖利用木制平台钻井，成功发现了另一个大油田。这些发现极大地推动了马拉开波湖地区石油工业的发展。

随着石油产量的不断增加，马拉开波湖地区迅速崛起为世界重要的石油产区。其面貌也发生了巨大变化，放眼望去，到处井架林立，油管纵横。在湖岸眺望湖面，成群的油塔绵延千里，景色十分壮观。马拉开波市作为湖区的主要石油输出港，其原油产量曾一度占委内瑞拉全国总产量的三分之二。这些丰富的石油资源不仅为委内瑞拉带来了巨大的经济利益，也推动了全球能源市场的繁荣。

>>>壳牌公司在马拉开波湖的油井

北海——西欧的海上油库

北海，这片神秘而又充满魅力的海域，在 20 世纪 60 年代中期，如同一颗璀璨的新星，在海上油气勘探开发领域闪耀登场，成为当时最为活跃的区域之一。

这里的环境极为恶劣，油气勘探成本高得令人咋舌，仿佛是大自然给人类设下的一道艰难关卡。然而，北海却拥有着令人无法抗拒的魅力——良好的石油地质条件，就像是一个深藏不露的宝藏库，吸引着人们去探索；原油品质上乘，宛如一颗颗璀璨的明珠，散发着诱人的光芒；还有那令人惊叹的高油气勘探成功率，仿佛是在向石油公司们招手，呼唤着它们前来一试身手。并且随着中东战争的持续以及国际石油价格的提高，使得大批石油公司如潮水般涌向北海，开启了一场惊心动魄的油气勘探开发之旅。

挪威，这个人口仅有 545.7 万（2022 年数据）的国家，却如同一个神秘的宝藏王国，成为世界上最富裕的国家之一。那是 1969 年 9 月的一个夜晚，在距离北海海岸外 300 公里的油田钻井平台上，万籁俱寂，只有海浪拍打着平台的声音。突然，一阵急促的电话铃声打破了寂静。一位经理兴奋地对着电话那头喊道："你醒了吗？我在北海上发现了石油，到处都是！"他的声音中充满了难以抑制的激动和兴奋，仿佛发现了一个全新的世界。当勘探人员目睹这片蕴藏着无尽财富的油田时，他们简直不敢相信自己的眼睛，那种兴奋之情溢于言表，仿佛他们找到了传说中的宝藏。

从此，石油和天然气如同一股源源不断的财富洪流，为挪威带来了巨额的外汇收入。聪明的挪威人并没有将这笔财富挥霍一空，而是将其投入到了石油基金中。这笔钱就像一颗神奇的种子，在石油基金的沃土里生根发芽，不断地为挪威创造着巨额收益。有了这笔丰厚的财富，挪威政府开始大展拳脚。他们将钱用在了教育、医疗卫生和儿童抚养的免费服务上，让每一个挪威人都能享受到国家发展带来的红利。挪威人就这样开启了“躺在油库上”的奢靡生活，而挪威的富裕之谜也终于在世人面前缓缓揭开。

同时，英国把目光也投向了北海油田，他们仿佛在黑暗中看到了一丝曙光，期望借此缓解国内日益严重的能源危机。

1971 年，一个注定要载入史册的时刻来临了——北海油田中的布伦特油田被发现了！这一发现，对于英国来说，犹如久旱逢甘霖，为其带来了一线生机和无限希望。布伦特原油以其高质量和稳定性，迅速在欧洲崭露头角，成为欧洲重要的能源供应地。随着布伦特油田的声名远扬，最终，它走进了英国伦敦的洲际交易所（ICE），一个具有世界性影响力的布伦特原油合约就此诞生，如同一个新的传奇在金融世界中崛起。

如今，北海依旧在书写着它的传奇故事，它不仅是西欧的“海上油库”，更是一个充满奇迹和故事的地方，吸引着全世界的目光。

波斯湾——石油风云下的世纪博弈

在地球的一隅，有一个神秘而又充满魅力的地方——波斯湾。波斯湾盆地位于印度洋的边缘，是世界上重要的油气开采区之一，这里的油气资源丰富得令人惊叹，堪称“油气满湾”。波斯湾周围环绕着伊朗、伊拉克、科威特、沙特阿拉伯、巴林、卡塔尔、阿联酋和阿曼八个国家，然而，这片广袤的海湾却没有固定的国属，这个没有主人的巨大宝藏，引来了无数人的觊觎。

说起波斯湾的石油故事，那可真是一部波澜壮阔的历史大剧。早在1908年，当缅甸石油公司在伊朗惊喜地发现石油时，波斯湾地区就陷入了一场长达一个世纪的归属博弈之中。这里，各种势力交织，矛盾错综复杂，仿佛一个巨大的漩涡，将整个世界都卷入其中。

当时的波斯湾地区，处于奥斯曼帝国、大英帝国和波斯王国的交错影响之下，局势犹如一团乱麻。1914年，波斯国王作出了一个影响深远的决定，他将美索不达米亚地区（今伊拉克、伊朗、土耳其、叙利亚和科威特的部分地区）的石油特许开采权授予了英国主导的土耳其石油公司。然而，命运的齿轮开始转动，第一次世界大战的爆发瞬间打破了原有的世界格局。奥斯曼帝国轰然解体，大英帝国则趁机独占鳌头，不仅掌控了美索不达米亚地区的石油开采权，还将巴格达附近地区也纳入了自己的势力范围，而法国也从中分得一杯羹。

此时，远在大洋彼岸的美国也盯上了这块“肥肉”。1920年前后，威尔逊、哈定两届政府要求英国“门户开放”。英国最终做出退让，这背后可有着深层的原因。原来，在第一次世界大战期间，美国供应了盟国高达90% 的石油，这让英国不得不考虑美国的影响力。

除了英美两国，俄国也不甘示弱，加入了这场波斯湾的竞争。十月革命后，苏联政府可不想轻易放弃沙俄时期在中东的既得利益，这使得波斯湾的利益蛋糕切割变得更加复杂。

海湾地区从曾经的帝国边缘地带，一下子摇身一变，成为战略资源富集地，就像一块散发着诱人香气的蛋糕，让列强们垂涎。对于当地的部落酋长和宗教领袖来说，这无疑是一个扩展自身影响力和实力的绝佳机会。各国国王们纷纷依靠转让开采特许权获得了丰厚的石油收入，就连一些小国也在大国的石油需求中巧妙地采取连横政策，以此来巩固自身脆弱的主权。

英国凭借着先发优势，在伊拉克和伊朗的石油开发中抢占了先机。但波斯湾还有其他未受协议约束的地区，比如巴林、科威特，以及很晚才发现海量石油蕴藏的沙特阿拉伯。

第二次世界大战后，命运的天平再次倾斜。阿美石油公司在沙特发现了加瓦尔油田和萨法尼亚油田，这简直就是两座金山！ 1957 年，沙特的石油年产量从 1938 年的区区 50 万桶，如火箭般猛增至 37370 万桶。面对如此巨大的财富诱惑，当地统治者们为了增加收入，纷纷要求石油公司增加产量。然而，物极必反，生产过剩导致石油价格一路走低，大大减少了石油公司的利润。

时间来到 20 世纪 60 年代，中东地区的石油生产国们终于觉醒了。他们意识到自己的石油资源被西方石油公司牢牢控制，而自己却只能获得极少一部分的利润。于是，伊拉克、伊朗、科威特、沙特阿拉伯和委内瑞拉等国决定联合起来，成立了石油输出国组织，简称欧佩克（OPEC），一

知识链接

油田介绍

1. 萨法尼亚油田——世界海油的“海老大”

位置：波斯湾

所有者：沙特阿拉伯国有石油和天然气公司沙特阿美石油公司（SaudiAramco）

可采储量：360 亿桶

沙特阿拉伯王国不仅拥有世界上最大的油田——加瓦尔油田，同时拥有世界上最大的海上油田——萨法尼亚（Safaniya）油田（也是世界第七大油田）。

萨法尼亚油田位于波斯湾的沙特阿拉伯海域，向北延伸到沙特阿拉伯与科威特的中立区。该油田于 1951 年被沙特阿美石油公司发现，1957 年开始开采，是中东地区在海上发现的第一个油田。该油田探明可采石油储量 75 亿吨，天然气 3171 亿立方米，合计 77.6 亿吨油当量（2022 年数据）。其实萨法尼亚油田的石油储量与大庆油田差不多，但是该油田储集条件好，也不着急开采，现在已稳产了 60 余年，仍年产达 7500 万吨，可是大庆油田 2022 年原油产量已降至 4000 多万吨。

沙特阿拉伯的沙特阿美石油公司拥有并经营着这个巨大的油田。守着巨大宝库的沙特阿美石油公司，于 2022 年再度超越苹果公司，自 2020 年以来再次成为全球市值最高的公司。

2. 卡沙甘油田——“诗人油田”

位置：里海

所有者：哈萨克斯坦国家石油和天然气公司（KazMunayGaz）（16.81%）、埃尼集团（Eni）（16.81%）、埃克森美孚（ExxonMobil）（16.81%）、壳牌（Shell）（16.81%）、道达尔（Total）（16.81%）、康菲石油公司（ConocoPhillips）（8.4%）和日本国际石油开发株式会社（Inpex）（7.56%）

可采储量：90 亿桶

卡沙甘油田位于哈萨克斯坦阿特劳市东南约 50 英里的里海北部。它是中东以外世界上最大的油田，石油总储量 350 亿桶，可采储量约为 90 亿桶。

卡沙甘油田的发现过程可以追溯到 20 世纪 80 年代，当时苏联的勘探队在哈萨克斯坦沿里海地区发现了可能存在丰富的石油资源。然而，由于苏联国内动荡和石油资源并不紧缺，这一发现并未得到深度勘察和挖掘。

1991 年苏联解体后，哈萨克斯坦成为独立的中亚国家。尽管知道可能存在石油资源，但由于科学技术落后和资金有限，哈萨克斯坦无法独立进行勘探，因此将这一任务交给了外国公司。

到了 2000 年，意大利一家石油公司在里海附近勘探时，发现了卡沙甘油田。经过专家估计，油田的储量超过 360 亿吨，被认为是继 1968 年在阿拉斯加发现的“普鲁特赫本”油田之后世界上最大的油田。哈萨克斯坦政府得知这一消息后，非常高兴，认为这一油田有可能使国家成为第二个沙特，因此以国内伟大诗人的名字——卡沙甘来命名这个油田。

卡沙甘油田由四个区块组成，即卡沙甘、卡拉姆卡斯、阿克托德和卡伊兰，现有石油地质储量 350 亿桶，预计最高开采量可达到 150 万桶 / 日。大规模开采后，卡沙甘油田的日产量可满足整个欧洲 10% 的消费量，同时油田还拥有巨大的天然气储量。

场对抗西方石油公司垄断和剥削的战斗正式打响。

到了 20 世纪 70 年代，OPEC 的影响力达到了巅峰。当时，第四次中东战争爆发，石油禁运随之而来，全球石油供应出现了严重短缺，油价如同脱缰的野马，一路飙升。OPEC 成员国们通过紧密协调行动，成功地提高了石油价格，为自己的国家经济带来了巨大的利益。以至于在 1990 年，美国前副总统切尼在参议院军事委员会作证时感慨道："谁控制了波斯湾石油的流量，谁就拥有了对世界其他大多数国家经济的钳制力。"

波斯湾，这片充满传奇色彩的土地，见证了无数的风云变幻和权力更迭。它的石油故事，还在继续书写着……

>>> OPEC 大楼

热烈祝贺海上第一座采油平台试产成

乘槎泛海找油气

槎，原意为竹筏、木筏，后来引申演绎为船只、仙舟等。

相传，大海与天上银河相连。有一海岛居民突发奇想，乘槎作长途航行，去探访银河。他到达了一处地方，像一座城市，房屋重重叠叠，与世无异，并且见到了牛郎牵着牛在河边饮水。他发现了太空仙境。

相传，我国历史上的伍子胥和孙膑，都乘槎干过一番大的事业。

“一部艰难创业史，百万覆地翻天人。”这是整个石油工业发展历史的写照。那么，镜头聚焦于海洋石油工业，则是一部海洋石油人乘槎泛海、找油找气的历史。

在这个艰苦卓绝的过程中，中国海油人上演了一部部动人话剧，谱写了一曲曲动人凯歌。

Petroleum

莺歌海——“张羽煮海”

我国古代流传着这样一个关于爱情的美好传说。一日，秀才张羽于东海岸边的石佛寺中抚琴。温婉连绵的琴声，感动了龙宫的琼莲公主。二人相爱，订下婚约。可是专横的东海龙王为了拆散他们，把琼莲深锁闺中。为救心爱之人，张羽从蓬莱仙姑处寻得三件法宝——银锅一只、金钱一文、铁勺一把，并按照仙姑所教，临海架锅、铁勺取水、金钱入锅、加火烧之，锅水热则大海热，锅水沸则海也沸。龙王终被降服，只得放了公主。张羽与琼莲有情人终成眷属，收获了美满的爱情。而当神话走进现实，“海水沸腾”的一幕真的出现在我们眼前时，你是否也会憧憬着美好爱情的降临呢？事实上，也正是在海南岛西南一隅的莺歌海出现的这一神奇景象，牵出了我国石油与大海的“不朽情缘”，谱写了一代代石油人与广袤海洋的“旷世恋曲”。

起初，莺歌海村并没有如名字般美妙的“莺歌燕语”，只有火辣辣的太阳和咸涩的海水，真正让她闻名遐迩的，便是在那蔚蓝的海面上翻腾着的“气泡”。在距离海岸 1.5 千米处，有一片海水像被烧开一样沸腾着、翻滚着，鸡蛋般大小的气泡不断地从海底跳出，在阳光的照耀下，一会儿蓝、一会儿黄，变幻莫测，当地甚至传说这片海的下面藏着神奇的聚宝盆。直到 20 世纪 50 年代国家发起一场找矿运动时，才真正揭开了莺歌海“张羽煮海”的神秘面纱，也由此掀起了中国石油工业的“下海热”。

那是 1954 年的夏天，曾汉龙等 5 人出海打鱼时，突然发现大海像被烧沸了的开水一样，不停有气泡和油花冒出。“海水烧沸了！”曾汉龙大声叫了起来，同船的人也都被眼前的一幕惊呆了。很快，“大海冒泡”的事就传得沸沸扬扬。有人说是海底有特殊的石头，也有人说是过去日本人装油的船沉在这里，被打破后开始往外冒泡冒油，更有甚者把它与各种民间传说、神话故事联系起来，为莺歌海的“气泡”增添了一份神秘的色彩。

直到 1956 年的一个寻常夜晚，莺歌海当地驻军在村里放映了一部介绍里海巴库油田的苏联纪录片——《海上巴库》，渔民的神经被突然触动了。他们纷纷议论：“这不就是我们村里的事吗？既然巴库附近海面上那嘟嘟冒出的气泡是宝贵的天然气，那岂不是我们莺歌海也有同样的宝贝？”于是，渔民首先向莺歌海盐场报了矿。很快，莺歌海海面上那个汩汩跳动的气泡便伴随着一路莺歌，走向了广州、走向了北京，也走进了全国乃至世界石油地质学家的视野。

>>> 在莺歌海上进行油气勘探的工作人员（引自《中国能源报》）

1956 年 12 月，石油工业部急于了解真实情况，便发函委托莺歌海盐场勘探队代取气样。为了查清海底情况，1957 年 1 月 16 日，盐场勘探队请来了当地谙熟水性的渔民万来弟。万来弟自幼与大海打交道，只戴了一

>>> 莺歌海钻井现场（刘聪摄）

副防水镜，便潜入十多米深的海底。他看到，冒气的地方稍稍隆起，平铺着许多石头，岩石上还有很多裂缝，缝隙宽 5～10 厘米，缝中填满砂子。

因为在海中取样比陆地难度大，盐场勘探队反复试验琢磨后，用铁皮自制了一个大漏斗。取样时，他们在漏斗上接一条胶皮管，皮管的另一端插入装满水的玻璃瓶里，然后将漏斗倒扣在冒气的地方，用排水集气法取到了气样。点燃采集的气体，火焰浅蓝，有硫化氢气味。由此，莺歌海气体可燃首次被证实。

他们先后对油气苗进行了 9 次调查，并将调查情况写成材料，随后将材料与采集到的标本，分别报送至石油工业部和广东省盐务局。莺歌海就这样走进了石油人的视野。从此，广东省、石油工业部的领导和石油地质科学家们，把目光转向了南中国蔚蓝色的大海，中国海洋石油这部雄伟壮观的戏剧就这样拉开了序幕。

于是，在莺歌海海域——中国海洋石油工业的发祥地，升起了我国海洋石油工业的启明星。

“特种兵”与“安全屋”

虽然我国于1956年在莺歌海首先发现了油气苗，但由于当时美越战争的影响，以及我国海洋石油装备、技术的落后，莺歌海的油气勘探一度处于低迷、甚至中断的状态。

南方不亮北方亮。1965年，渤海南面的胜利村坨11井获日产1134吨高产油流，让世界看到了渤海湾的潜力。“既然渤海湾的滩陆有油，那么海里也应该有油啊！”就是在这个猜想的指引下，石油工业部于1965年1月在北京召开的厂矿长会议上，向石油系统宣布了“上山、下海、大战平原”这一具有历史意义的重大决策，决定在华北平原开展勘探大会战的同时，以渤海作为突破口，组织力量“下海找油”。

>>> 早期租用渔船开展物探工作

>>> 水中收放电缆

随后，华北石油勘探指挥部第25次党委扩大会议决定，由河北石油勘探指挥部（代号641厂）组织人员筹备下海，并喊出了“三年打开局面，五年拿下面积”的豪言壮语。同年2月，石油工业部干部司从大庆设计院等单位先后抽调10余名精兵强将，配合641厂组建了精干机构——海洋勘探室，并成立了海洋石油勘探筹备组，由钟一鸣和张志友分别担任指挥和党委书记，全面负责研究准备“下海”的技术和装备问题。

1965年3月22日至28日，在时任石油工业部副部长康世恩的指导下，海洋石油勘探会议在天津北仓召开。除了641厂和海洋勘探室的领导外，国防科委、海军、交通部、地质部的有关专家也悉数到会。会上，石油工业部勘探司和情报所详细介绍了国外海上油气勘探开发的情况，工程技术人员也纷纷畅谈了“下海”的设想。康世恩听后意气风发地讲：“美国有个墨西哥湾，委内瑞拉有个马拉开波湖，中国也有个渤海湾。我们国家海岸线很长，大陆架广阔，也一定蕴藏着丰富的石油资源！”会议随即

>>>由渔船改装的“星火二号”

>>>1965 年 4 月，上海求新船厂利用渔轮改装的“燎原一号”

>>>海洋物探人员的海上午餐（引自《中国能源报》）

决定，立即开展海上钻井方法的试验研究，并试制海上钻井平台及钢结构导管架。

会议结束后，石油工业部立即从海军北海舰队、交通部等单位陆续商调来了“海渔26”“海潜506”“海测503”“黄河号”（原为国民党海军起义的军舰“重庆号”）、“天祥号”（原慈禧太后的游艇）、“民主20号”客轮，以及“东油3号”“东油7号”等船舶，又从华东石油局调来十几条木船，有些是由渔船改装而来，并为它们安装了石油勘探仪器等“新武器”，改装成了海上石油勘探作业船舶。接着第一批熟悉海洋、海上航行经验丰富的60余名海军战士转业前来报到，华丽转身成为中国海洋石油勘探大军中的“特种兵”。同时，华北石油勘探指挥部也抽调了5个地震队、2个重力队和1个测量建标队，共500余名职工，组成了海洋地质调查一大队，负责渤海海域的地球物理勘探任务。就这样，来自天南海北的石油人“因油而聚”，涌入渤海湾，中国海洋石油工业史上第一支“特种兵”也是“正规军”诞生了。

开始时，他们用原始的炸药作震源，后来为了克服炸药对海洋生物的伤害，又改用了电火花、空气枪等新装备。最终历经四个多月的艰苦奋战，完成了地震测线2500多千米，绘出了渤海第一张地震构造图，受到了康世恩副部长的高度赞赏。他高兴地说：“海中隆起被黄骅坳陷和渤中坳陷所挟持，面积数千平方千米，是油气聚集最有利地区，我们一定会找到大油田！”

然而，想“一步到位”直接在海上找到大油田，谈何容易。因此，在没有海上钻井平台等先进设备的情况下，海洋石油人把初探渤海的第一步放在了曹妃甸岛。

1965年9月27日，1806钻井队在队长孙治业的带领下，共计53人，乘坐“民主20号”，来到了距离塘沽20多海里的曹妃甸岛，做探井开钻准备。可他们还是小看了大海的威力，没过几日，他们便与海潮来了场“遭遇战”。10 月 29 日凌晨 4 时，工人们还在甜蜜的梦乡中，猛烈的海潮悄然来袭。瞬间，汹涌的海水便涌上了海岛。“宿舍进水啦！”一声惊呼把众人拽出了梦乡。可附近还存放着 30 吨水泥，谁还顾得上自己的宿舍？“抢救国家财产要紧！”班长铿锵有力的声音就像一声“冲锋号”，众人不约而同地冲向了水泥……终于，在大家的齐心协力下，才有惊无险地度过了海潮。

但是，“地狱”级的考验接踵而至。11 月 7 日，一场百年不遇的大海啸突袭渤海湾。霎时间，海上狂风四起、昏天暗地，几层楼高的巨浪像一只只凶猛的怪物张着血盆大口向海岛扑来。短短一刻钟的时间，曹妃甸岛就被海水吞没了。多亏工人们事先搭设了“安全屋”，它成了 53 名海洋石油闯将最后的“避难所”。从“安全屋”的门缝向外看去，大家都被眼前的景象惊呆了：大海像疯了一般，不停地翻滚着、咆哮着。那些之前从未下过海的“旱鸭子”们，哪里见过这样的场景。水位急剧攀升，距离“安全屋”的底部仅剩一尺多高，众人脚下的木板也随着海水的冲击，开始发出“咯吱咯吱”的危险信号，“安全屋”在狂风与骇浪的夹击下摇摇欲坠。53 名勇士环抱在一起，在相互鼓励的同时，也纷纷做好了“最坏的打算”。

下午 5 点左右，就在大家准备好为了祖国的海洋石油事业英勇献身的时候，海啸停止了，上天眷顾了这群不畏牺牲的勇士。整个曹妃甸岛早已被海水洗劫一空，100 多根木桩仅剩一根还在坚挺着。“安全屋”下的桩脚，也早就被巨浪冲毁。看着眼前的“残垣断壁”，大家顾不上死里逃生的喜悦，急忙冲向 800 米外，扛起毛石加固“避难所”。可是，没有食物、没有淡水，劫后余生的日子更加难熬。这个时候，参加过抗美援朝的老兵石克福讲起了上甘岭的故事。就这样，大家靠着“精神食粮”，挨过了

>>> 抗美援朝老兵石克福讲上甘岭故事（引自《海油故事·启示》）

一天两夜。直到 11 月 9 日中午，“民主 20 号”像黎明前的曙光一样，出现在蔚蓝色的海面上，向着曹妃甸岛的方向飞奔而来。53 名勇士得救了。他们怀着战胜海啸的喜悦和首次下海打井失败的沮丧，暂别了曹妃甸岛。直到 1965 年 12 月 1 日，在海洋石油人们的努力下，曹 1 井才再次开钻，当天 22 时便完钻，井深 120 米，并成功探明了曹妃甸砂层的厚度，圆满完成了勘探任务，也给时而温柔、时而残暴的渤海献上了石油人的“第一吻”。

中国海上石油第一井

海啸没有吓退英勇无畏的石油人，曹 1 井的短暂成功，却再次激起了石油人“下海找油”的决心。这次他们把目光锁定在距离海岸线更加遥远的深海海域，这也意味着他们要想尽办法抵挡更加恶劣的自然环境对施工造成的侵扰。因此，当年在莺歌海用土办法制造的“两个浮筒”式钻井平台再也无法满足石油人“下海擒油龙”的雄心壮志，海洋石油必须抓紧建

>>> 20 世纪 60 年代初，拖航中的浮筒钻井装置（引自《中国能源报》）

造更加稳固的海上钻井平台。

他们第一个想法就是引进当时在国外刚刚兴起的自升式平台。但国外公司却将此视为专利，双方无法在价格及其他条件方面达成一致。面对技术壁垒，海洋石油先驱们并没有气馁，而是下定决心依靠自己的力量建造属于我们自己的“人工海岛”，让“精卫填海”的神话故事变成中国“奇迹”。

他们先是在海上打了一根入泥二十多米的水泥桩做试验，可直接被一场六级的大风拦腰折断，说明在渤海海域风浪变化无常的情况下，这种传统办法是根本行不通的。于是，他们决定建造一部真正稳固的“桩基导管架式钻井平台”。面对参考资料匮乏的不利局面，技术人员就根据国外技术刊物上的照片和少量介绍，在大连理工大学、中交第一航务工程局和铁道部大桥局等单位的协助下，仅用不到半年时间，就完成了平台的方案论证和图纸设计工作。

可在平台建造时，又遇到了新的挑战。当时，虽然由 40 人组成了海工大队，借用塘沽新港第 14 段、长 60 米的码头作为预制场地，又从新疆、抚顺等地调来了一批熟练工人，可那时的建造施工既无国内标准，也无行业标准，更不了解国际规范，焊工没有资格证书，涂装也是请职工家属干，先用砂布把钢管上的锈迹打磨一下，再简单擦擦就刷漆。这样粗制的工艺导致的结果是，钢管下水不久油漆便开始逐渐脱落，根本无法起到防腐的作用。另外，在当时缺少大型驳船和起重船的情况下，只能在 6 条 300 吨的小驳船尾部安装扒杆，将支撑用的导管架挂在船尾，才能勉强拖动。可拉运船只的抗风能力又无法完全满足需求，拖运能否成功完全“凭运气”。如果拖运途中突然刮起大风，就只能调转船头往回跑，等返回码头风小了，才能再次出海。就这样，工人们反复向渤海湾发起了三轮“冲锋”，才成功抵达海 1 井的井位。

可随后，平台的固定又成了难题。那时的中国还没有打桩船，在波涛汹涌的渤海湾，如果平台固定不牢，那么设备和工人绝对会葬身海底。但这些危险在石油工人们看来，似乎也不是什么问题，没有打桩船就抡起大锤一点点砸，没有吊机就装上滑轮靠手拉，没有抽水泵就靠人工用嘴吸。工人们硬是靠着一条管子，用嘴巴从 24 根桩里吸出了 720 多公斤的水泥浆。就这样，经过 5 个多月的顽强奋战，中国第一座桩基导管架式钻井平台成功建成，并准备迎接我国历史上第一口海洋钻探井——“海 1 井”施工。

承担海 1 井钻探施工任务的是从大港油田调来的 3206 红旗钻井队。1966 年 11 月 6 日，钻井队奉命出海到平台上安装井架。经过一路“漂泊”，他们登上平台后，马上就投入紧张忙碌的工作中。而当工人们完成一天的工作后，想要躺下休息时才发现，他们的休息环境更加恶劣。在当时的技术条件下，建造的平台规模自然不大，仅能放下简单的生产生活设施。供工人们居住的只有一间简易铁皮房，只能容纳 30 多人挤睡在里面，而其余人有的只能睡在泥浆池边，有的睡在机器旁的篷布上。隆冬季节的渤海海面上滴水成冰，工人们呼出的热气在平台的钢甲板上结成一道道冰凌，甚至有的人头发都被冻结在冰凌里，早晨要让其他人帮忙把冰敲碎才能爬起来继续干活。即使在这样的环境里，工人们都没有一点怨言，心里满满装着的都是尽快为祖国“翻开海底找油气”的豪情壮志。

>>> 中国第一座固定式海洋石油钻井平台建成，并在“海 1 井”投入使用

>>> “海1井”试验采油平台

1966年12月31日，平台上人头攒动，值班室灯火通明。时任海洋勘探指挥部副指挥的任英发、井队长康于义在这里召开“战前”会议，各路负责人也都严阵以待。康队长详细询问了各岗位的准备情况，在得到一连串肯定回答后，便大手一挥：“开钻！”霎时间，海面上机器轰鸣，鸥鹭翻飞。海洋石油先驱们就这样凭借着简陋的装备和仅有的技术“土法上马”，开启了新的“海底找油”之旅。

1967年3月初，海1井已经钻进至井深1610米，还是没有捕捉到一丝“海底油龙”的踪影。就在大家逐渐表现出失望的情绪时，地质人员突然发现了油气显示。工人们瞬间就像充满电一样，又干劲十足地投入紧张的施工中。终于，1967年5月6日，海1井顺利完钻，完钻井深2441米，并马上进入试油工序。

1967年6月14日凌晨4时16分，“海1井喷油啦！”一声欢呼划破

>>>海 1 井”采油平台试产成功

了渤海湾寂静的夜空，瞬间传遍了平台的每个角落。平台上的工作人员纷纷从睡梦中一跃而起，有的光着脚奔向井口，有的捧起原油兴奋地闻着。他们喜极而泣，相互拥抱着、雀跃着。很快，“海 1 井日产原油 35.2 吨、天然气 1941 立方米，渤海喜喷油流”的消息，跨越千里，传到了石油工业部，传到了国务院。6 月 21 日，国务院的贺信直达钻井平台，高度赞扬海洋石油先驱们“创造了我国海上打探井出油的先例！”

海洋石油先驱们用“向海而生、兴海强国”的伟大情怀，克服万难打出了“海 1 井”，引领着我国海洋石油事业真正步入了工业化发展阶段，翻开了一个高速发展的新篇章。

海洋石油高级出国考察团

中国海洋石油工业的大发展，是伴随着中国改革开放的步伐而起步的，第一个向中国抛来出国考察海洋石油工业橄榄枝的国家则是远在大洋彼岸的美国。

经过老布什的积极斡旋，美国能源部长詹姆斯·施莱辛格于1977年

印边境战争以来，中国向巴基斯坦提供了大量的经济援助。

从齐亚将军的代表团的规模和组成就可以反映出军事当局对这次中国之行的重视。

代表团团员除了外交部秘书阿迦·夏希以外，还有内阁秘书、首席检察官和四名省的军法执行官中的两人。

【合众国际社伊斯兰堡十二月十三日电】

国在次大陆的宝贵朋友的地位。

虽然至今还没有宣布有关这次访问的细节，一些观察家还是认为，齐亚·哈克将军谋求中国邀请他访问北京，大概是为了使他的国家在中印关系可能会改善的时刻仍居于最前列。

这次从十二月十四日到十九日的访问将为他提供一次机会，同中

混合而成的烟雾的不寻常聚集。烟雾直至中午才稍转稀薄。

剂。

（转载香港《大公报》）

生协会派对反协会派的内讧。九、在赤字财政、依靠国债的程度达百分之三十问题上的争执。十、争执了四年有余的禁止垄断法的修改将告成功。

泰总理江萨谈泰中关系

【本刊讯】泰国《民族评论》十二月十一日发表江萨总理向日本报界发表的谈话，摘要如下：

中国是亚洲的一个大国，能够在东南亚地区起到建设性作用，甚至于能够成为维持东南亚地区稳定的一个因素，这一点早已是众所公认的。另一方面，东南亚在地理位置上同中国毗邻，而且同中国有着历史悠久的联系，因此，东南亚对于中国来说是一个具有重要战略意义的地区。鉴于以上情况，中国和泰国建立正式关系是共同的需要。

这一切使我信赖一九七五年七月一日签署的中泰两国建立外交关系的联合公报，公报提供了通过社会、经济和文化方面的合作进一步加强两国悠久关系的极难得的机会。

在建交后的两年中，为了进一步加强我们两国间已经存在的友好关系和促进两国人民间一直较好的相互谅解，两国做出了努力。

在贸易方面，我们达成了一项圆满的贸易协议，即中国从泰国购买大米和食糖和以友好价格向泰国出售石油。我们不久将同中国进行谈判，以便延长这项协议和缔结其他类似的协定。我们还要探讨同中国扩大贸易的可能性。我们认为这方面的前景是相当令人鼓舞的。

在政治方面，看到中国现在对区域性问题和国际问题所采取的态度，看到中国普遍地支持"第三世界国家"的愿望，令人鼓舞。

在东南亚，中国是迄今支持东盟提出的建立"和平自由中立区"的主张的唯一的大国。中国还宣布打算参加亚洲及太平洋经济和社会委员会，更多和更加积极地关心这一地区的发展。

最后，我认为，总的说来，泰国与中国的双边关系是令人满意的。还有许多人提出了中国的党和政府分开——也就是说党对党、政府对政府——的双重政策问题。

然而，我们认为，我们国内的叛乱问题是要由我们自己来解决的我们自己的内部事务。在这一点上，我们真诚地希望，随着中国和泰国在各个领域政府对政府的建设性合作的扩大和加速，中国将越来越认识到这种合作的重要性以及它给双方带来的好处。

美能源部官员说

中国石油专家代表团将于明年一月访美

【合众国际社华盛顿十二月十日电】能源部的一位官员今天说，一位中华人民共和国官员将于下个月到达美国并在四个州参观石油和天然气的生产基地。这位官员将是到美国来访问的中国最高级官员。

能源部一位发言人说，十六位中国石油和天然气专家接受了参观加利福尼亚州、得克萨斯州、路易斯安娜州和俄克拉何马州的钻井装置的邀请。这次为期三周的访问将于一月五日开始。

美—中贸易小组的官员们说，中华人民共和国已经购买了三亿多美元的美国能源生产设备，人们希望，通过这次访问，将会做成进一步的交易。

【本刊讯】美国《华盛顿邮报》十二月十日刊登该报记者约翰·雅各布斯的一篇文章，标题是：《北京派高级石油专家访美》，摘要如下：

中华人民共和国的一个高级石油专家代表团将在下月初应能源部的邀请访问美国，这是一个美国政府机构第一次正式发起这样的访问。一位卡特政府发言人说："我们对将要进行的这次访问感到很高兴。这是在上海公报以后开始的那个进程的一部分，上海公报要求加强我们两国之间的科学、商业和文化方面的接触。我们认为这次访问是在这个方面迈出的一个重要的步骤。"这位发言人要求不要透露他的身份。另外一位了解这次访问的计划工作的人还说："从美中关系的状况来看，代表团的级别之高和规模之大具有非常重要的意义。这明显地表明，中国想要同美国保持亲切的关系，这在政治上是一件意义非常重大的事情。"

代表团访问计划的细节还没有拟定，但是这次访问将包括到现场去参观陆上和沿海的钻机、抽油装置、服务和生产中心。

今年五月，中国共产党主席华国锋要求建立十来个大庆（中国最大的油田）式油田。美国官员和公司愿意为开发这些油田提供技术。

能源部的发言人昨天说："中国石油业的代表可能发现了他们看到的石油技术和设备的用途，从而可能购买这些技术和设备并继续进行互访。"

这位政府官员说，如果中国能开发它的能源资源，满足自己的需要，最终成为能源出口国，美国也将得益。

>>>1977年十大新闻之一"中国石油专家代表团将于明年一月访美"

>>> 代表团在美国考察

8 月的一天约见了中国驻美联络处副主任韩叙。在白宫，施莱辛格告诉韩叙，经卡特总统批准，美国正式向中国政府发出邀请，请中国派出石油代表团考察美国石油工业。

要知道，那时的中美关系仍旧处于起步阶段，1972 年尼克松总统访华之后，中美之间才刚刚结束了长达 20 多年的敌对状态，但两国之间正常的经济联系还尚未建立起来，所以韩叙不敢耽搁，第一时间把这个非同寻常的信息传回了国内。在康世恩的主持下，石油化学工业部经过慎重研究后立即向国务院提交了报告，很快便得到了“同意”的答复。

“可应该派谁出访呢？”这又成了一个巨大的难题，鉴于当时中美之间的特殊关系，中国不能委派官方代表团，只能由石油化学工业部以中华人民共和国石油公司的民间身份出国考察。最后，根据时任国家副主席李先念关于“应派懂得的同志去，真学点东西”的指示，石油化学工业部随即从大庆、胜利、辽河等大油田和渤海、南海两个海上石油基地抽调专家，组成了以时任石油化学工业部副部长孙敬文为团长，以国家计委副主任李人俊为顾问，以张兆美、秦文彩为副团长的访美考察团，并于1978年1月5日，开启了访美之旅，“石油外交”也就此拉开了序幕。

5日下午3时40分，华盛顿杜勒斯机场，TWA891航班徐徐降落……中国石油代表团抵达美国。当晚，美国能源部就直接在白宫设宴款待。在宴会大厅里，甚至特意设置了唐代仕女图和古代山水风景画屏风，副部长奥莱利更是直接强调了中美石油合作的愿望。另外，以埃克森为首的美国六大石油公司及与石油相关的企业也纷纷找上门来。

美国石油界表现出的热情令代表团意外不已。大家心里都犯起了嘀咕，纷纷猜测着美国人的心里是不是酝酿着什么“阴谋”。可大家也顾不上这么多了，每个人心里都明白此行的目的，那就是“看看美帝国主义究竟是怎么干石油的”。

从1月6日开始，代表团在美国考察了25天，共计参观了9个油田、4个科研单位、3个炼油厂、2个工程设计承包公司、10家造船厂和4个钻井平台。

而最能体现美国人诚意的是，他们为了展示当时最先进的技术和理念，特意将代表团带到了美国的“石油极”——墨西哥湾。

当代表团走出直升机舱门，站在墨西哥湾“航母”般的钻井平台上，听着旁边的美国人神采奕奕地讲述着他们自1947年就开始的海洋石油勘探史时，大家都被惊呆了。面对差距，秦文彩的心头隐隐作痛。就在这时，墨西哥湾卷起一阵强劲的海风，发出骇人的呼啸声。巨大的钻井平台，在飓风和海浪的作用下，不时发出“嗞啦嗞啦”的响声。此时秦文彩的心中又犯起了新的疑问，于是他找到翻译，一起来到了钻井船的餐厅，想找船长聊一聊。

“海上钻井，是不是最怕大风？”“当然。我们也怕风，墨西哥湾的海风一旦吹起来，就像烈马一样，难以驯服。”老船长和秦文彩一问一答。

“那如果飓风来了，平台又无法抵御时，你们会怎么办呢？”这是秦文彩最关心的问题，他很想弄明白美国人是如何实现事故过程中人、井、机“三保”的。船长则笑着耸耸肩，双手一摊：“这很简单，大风来了，我们就停止作业，撤人！”“撤人？那钻井平台怎么办？国家财产怎么办？”秦文彩一脸惊愕地盯着船长。“船嘛，当然是交给上帝了！”船长一脸轻松地回答道，好像钻井平台与他毫无关系一样。这种理念，让习惯了“人在设备在”的中国人十分震惊。

而更让他们耳目一新的是，那些不差钱的西方石油大鳄竟然是多家企业一起开采石油的。

>>> 1980 年 10 月，石油工业部副部长秦文彩赴英国北海油田考察

“美国经济发达，资金雄厚，为什么资本家不独立开采石油，而要与多个公司合作来完成呢？”这个疑问萦绕在代表团每个人的心头。谜底原来就是“风险共担”！

在西方国家，这几乎就是一个惯例。开发一个海上大型油气田，必须要几家公司一起开发，共同承担各类风险。此外，他们的设备也是投了保险的，一旦钻井平台发生沉没事故，损失也完全由保险公司承担，业主根本不用担心什么……

全新的理念、全新的模式、全新的体制，一切都前所未闻。这些能被借鉴到中国吗？中国人民能够接受吗？我们要如何进行改革呢？秦文彩的疑问，也正是海洋石油先行者们共同的忧思。

通过考察，海油先辈们看到了我们与世界的差距！当中国海洋石油工业还处于蹒跚学步阶段的时候，英国和挪威就通过多国、多公司合作，分担投入、共担风险，在北海实现了产量超过一亿吨的壮举，美国也在墨西哥湾实现了从浅海到 300 米水深的跨越，巴西更是已经开始在千米水深处勘探石油……

看到真实差距的中国海洋石油先驱们没有气馁，而是个个憋足了劲，下定了要赶超的信念和决心。

人民大会堂的不眠之夜

从美国考察回国后，访美代表团在康世恩的主持下，立刻着手起草赴美考察情况汇报，编写报告的任务落到了秦文彩等人的身上。可如何入笔？该突出哪些重点？大家的心里都没底。因为所有人都清楚，在当时的国情下，谁都不敢大胆提出“开放”这个字眼。于是，康世恩站了出来，拍板定调，报告的主基调就定为“利用外资，请外国石油公司帮助中国开发海上油气田”。

康世恩心里非常明白，石油化学工业部的建议要想得到中央的同意，就必须把握住两个最重要的原则：第一个就是政治上要稳妥，否则稍不留神就会被扣上“里通外国”“卖国主义”的帽子；第二个就是经济上要可行，上一年引进外国设备的建议之所以被中央拒绝，主要原因就是国家缺少外汇嘛。

于是，报告开始编写时，编写组主要着眼于引进油田开发需要的 6 个成套技术装备，并邀请专家指导，用补偿贸易的办法解决资金不足的问题。而最后的报告，则将重点转向了加快海洋石油勘探开发。

报告全面地汇报了代表团与美国政府及石油界的接触情况，并提出了全新的对外合作思路：“在独立自主、自力更生的原则下，以平等互利的贸易方式，直接与美国一些石油公司在勘探开发方面建立商务关系，利用他们的技术和装备，加快我们海洋石油的发展。而我们的条件是：在我国指定的海域内，雇佣他们的技术人员，由他们供应设备、材料，并提供技术进行勘探开发，所需费用按照低利延期付款的办法偿还；我们也可以用

>>>1978 年 3 月 18 日，全国科学大会在北京隆重开幕（引自新华社）

一部分原油按照国际价格作价支付。”

很多年过去后，在秦文彩看来，比起报告本身的编写，其实更重要的是传统观念的转变，这才是开放与创新的起点。而今天，当我们站在历史长河中去审视这份报告时就会发现，它在那个微妙的历史时刻，真正找到了能够让党和国家接受的最佳契合点。

海洋石油先辈们是幸运的，中国海洋石油工业是幸运的。1978 年，是中国海洋石油发展史上的一个转折点。就在石油化学工业部准备向中央汇报赴美考察情况时，他们迎来了一个振奋人心的消息：在 3 月中旬召开的全国科技大会上，邓小平开天辟地般提出了“科学技术是生产力”和“独立自主不是闭关自守，自力更生不是盲目排外”的论断，国人的思想得到了极大的解放。这无疑为康世恩、秦文彩等注入了一针强心剂。他们马上借此机会，向中央进行专题汇报。

1978 年 3 月 26 日下午 3 时 30 分，莺歌海上的“南海 1 号”钻井船还在沐浴着如棉花般轻柔的霞光，渤海湾刚刚投产不久的“6 号平台”还沉醉在阳光与波光的缠绵中，此时的人民大会堂东大厅华灯齐亮，中国石油工业的领军人物齐聚一堂，在康世恩的主持下，正式向中央汇报了赴美考察的情况。在经过长达 5 个多小时的汇报后，党中央、国务院作出了中国海洋石油工业对外开放的重大决策：在指定的海域，购买外国设备，雇

>>>1980 年 5 月 29 日，中国与法国道达尔石油公司签订北部湾等石油勘探开发生产合同（引自《中国海洋石油发展回顾与思考》）

佣外国的技术人员，用分期付款的方式和所采石油偿还其投资，来进行我国海上石油资源的开发。

这是中国经济建设中的一个重大决策，标志着中国海洋石油工业正式进入了一个发展的新阶段。从此，“师夷长技以自强”成了中国海洋石油工业的主旋律。而中国的大门稍稍露出一条缝隙，西方世界便闻风而动。美国、英国、法国、日本、联邦德国、挪威、荷兰、加拿大等13个国家的48个石油公司纷至沓来，迫不及待地寻求与中国的合作机会。

于是，1978年的夏天成了秦文彩、张文彬等海油先辈们最忙碌的一个暑期。会谈，一次又一次；条件，一个又一个……他们几乎天天都在与这些外国人们谈判周旋。与此同时，中方也先后派人赴美国、英国、法国、日本、意大利、巴西、挪威等国家进行旋风式的考察和访问。

1978年12月，党的十一届三中全会正式敲响了中国改革开放的晨钟，也真正敲碎了海油先辈心头的巨石。1979年，就在无数国人还在琢磨“合资”“合作”的概念时，来自美国、英国、加拿大、澳大利亚、日本、法国、南斯拉夫、荷兰、意大利、联邦德国、巴西、西班牙、科威特等国家的石油公司，纷纷在中国近海42万平方千米的海域上秀起了“闹海神技”。

截至1980年7月，外方累计向中方提供的地震资料、成果报告和图件，仅原始磁带就重达130吨，共发现各类地质构造474个。这是一次几乎动用了全世界海上物探力量进行的“大会战”。这对一贯以“会战”模式为荣的中国石油界来说，更是一场“精神地震”，因为如果要动员全国完成这样的工作量，不说地震采集，就光是资料处理，至少也需要5~6年。

回顾那段波澜壮阔的历史，秦文彩自豪地说：“国家把对外开放的大门打开了一个缝，而我们则努力把它推得更大。”

中国海洋石油总公司诞生

1978 年 3 月 26 日，党中央、国务院作出海洋石油对外合作的战略决策。1981 年 10 月 6 日，国务院召开常务会议，决定成立中国海洋石油总公司。作为对外合作开发海洋石油的国家公司，是一个具有法人资格的经济实体。同时指出，对中国海洋石油总公司及其专业公司，要实行一些灵活的、特殊的政策和措施，决不能照搬国内的体制，以适应中外合作开发的特点，使公司反应灵活，具有竞争能力。1982 年 1 月 30 日，国务院颁布了《中华人民共和国对外合作开采海洋石油资源条例》(以下简称《条例》)，规定中国海洋石油总公司统一负责对外合作开采海洋石油资源的业务。1982 年 2 月 8 日，国务院批复石油工业部，同意成立中国海洋石油总公司，为国务院直属局级（副部级）。1982 年 2 月 15 日，中国海洋石油总公司在北京东长安街 31 号挂牌成立，国务院任命秦文彩任总经理。根据《条例》规定和国务院批复，中国海洋石油总公司是具有法人资格的国家公司，是独立核算、依法纳税、自负盈亏、自主经营的经济实体。中国海洋石油总公司行业归口石油工业部管理。1988 年石油工业部撤销，归口能源部管理。1993 年能源部撤销，由国家计委管理。

中国海洋石油总公司以对外合作和自营的方式，从事海洋石油、天然气的勘探、开发、生产、利用和产品销售，以及从事海上石油、天然气作业承包服务和其他多种经营。公司注册资本 60 亿元人民币。1997 年经国务院批准，注册资本增至 200 亿元人民币。同时，规定了公司的 9 条具体业务范围。

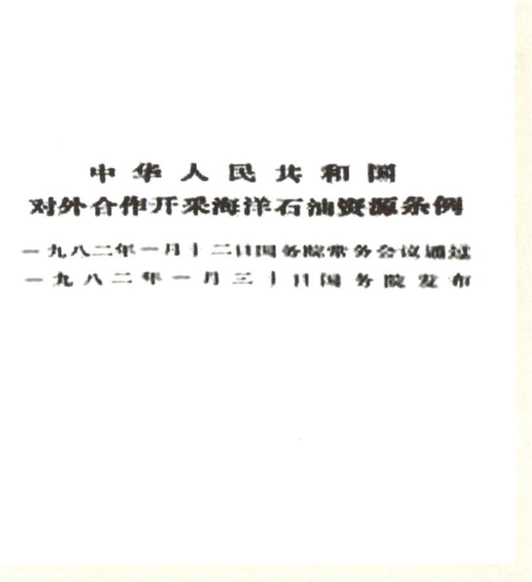

中华人民共和国
对外合作开采海洋石油资源条例

一九八二年一月十二日国务院常务会议通过
一九八二年一月三十日国务院发布

>>> 1982 年 1 月 30 日，国务院正式颁布的《中华人民共和国对外合作开采海洋石油资源条例》

>>> 1982 年 2 月 15 日，中国海洋石油总公司挂牌成立

中国海洋石油总公司实行总经理负责制。总经理是公司的法人代表。总公司成立初期，共有职工 27215 人。随着海洋石油对外合作和自营勘探开发的发展，公司也逐步向着上下游一体化、现代化、国际化的集团石油公司方向迈进。

中国海洋石油总公司的成立，标志着中国海洋石油工业进入了一个全新的发展时期。自 1982 年成立以来，中国海油通过实施改革重组、资本运营、海外并购、上下游一体化等重大举措，实现了跨越式发展，综合竞争实力不断增强，保持了良好的发展态势。中国海油从一家单纯从事油气开采业务的上游公司，发展成为主业突出、产业链完整的国际能源公司，形成了油气勘探开发、专业技术服务、炼化销售，以及化肥、天然气及发电、金融服务、新能源等六大业务板块。此外，中国海油还形成了以“爱国、担当、奋斗、创新”为核心内容的新时期海油精神，提升了公司的品牌形象。

中国海油的成立和发展，不仅推动了我国海洋石油工业从小到大、从弱到强的跨越式发展，还有力保障了国家油气安全稳定供应，为经济社会发展作出重要贡献。中国海油紧紧抓住海洋石油工业发展的新趋势、新机遇，正视公司发展中遇到的新问题、新挑战，稳健经营，为全力推进中国海洋石油工业的“二次跨越”创造了有利条件。

中国海洋石油对外开放第一标

实际上，中国海洋石油工业对外合作的道路并不是一帆风顺的。刚刚从十年动乱的噩梦中苏醒过来的东方大国，展现在世界面前的形象还并不是那么美好。许多来到中国商谈，并对勘探开发中国大陆架石油表现出浓厚兴趣的外国石油商人都会提出一个现实的问题："我们把大量的美元抛向浩瀚的中国海，可是你们的法律呢？能够保证我们合法的投资回报与利益实现吗？"

确实，按照西方的思维方式，法律无疑才是最好的承诺！同样，对于中国领导人来说，没有一部既符合中国国情，又能实现与国际惯例对接、维护中华民族权益与尊严的法律，也是断然不行的。

于是，从 1978 年底开始，我国就已经未雨绸缪，开始了对外合作开采海洋石油资源相关法律的编制工作。从此，北京石油学院南教学楼每到深夜便灯火通明，这一干就是 1000 多个日日夜夜。专家们通过国外考察、咨询等多种渠道，共收集了 40 多个国家的石油法规文件资料，120 多个石油合同样本。翻译和整理如此繁杂的资料，是一个艰苦而细致、枯燥而烦琐的工作。他们平均每天要伏案工作十几个小时，时间长了，那些密密麻麻的字母仿佛变成了"蚂蚁军团"不停地爬来爬去，可是没有办法，他们只能揉揉眼睛，再继续读下去。因为每个人都清楚，康世恩、张文彬、秦文彩等海油先驱们，时刻都在等着他们的成果，为中国海洋石油工业的对外合作之路提供决策依据。

>>> 中国海洋石油总公司第一任总经理秦文彩（中）签署第一轮招标通知书

无数次的讨论、争辩、成文、汇报、修改、再成文、再汇报、再修改……从第一稿到第十一稿……一群奋斗者的心血与汗水最终凝结成《中华人民共和国对外合作开采海洋石油资源条例》，一部真正具有中国特色、符合国家整体利益和国际惯例、为国际石油公司所普遍接受、被称为中国海洋石油工业对外合作“基本法”的新中国第一部行业法规就此诞生。与之几乎同时间世的，还有一部由秦文彩、尤德华、赵振声等同志共同编制的《标准合同》，一部参考借鉴了英国、挪威、巴西、印尼四个国家合同，并由多种文字、数字、法律、文化构成的合同文本。

1982 年 1 月 12 日，万里副总理主持召开国务院常务会议，全面讨论了对外合作的有关政策并审议批准了对外合作石油条例。1 月 20 日彭真

>>>1983 年 9 月 5 日，陈慕华国务委员出席与日本石油公司第一轮招标合同 28/14 区块签字仪式，秦文彩、钟一鸣、尤德华参加（引自《中国海洋石油发展回顾与思考》）

>>>1983 年 11 月 29 日，美国石油公司在南海东部 15/11 合同区中标，秦文彩向参加第一轮招标第七批合同签字的美国菲利普斯总裁塞拉斯赠送礼品（引自《中国海洋石油发展回顾与思考》）

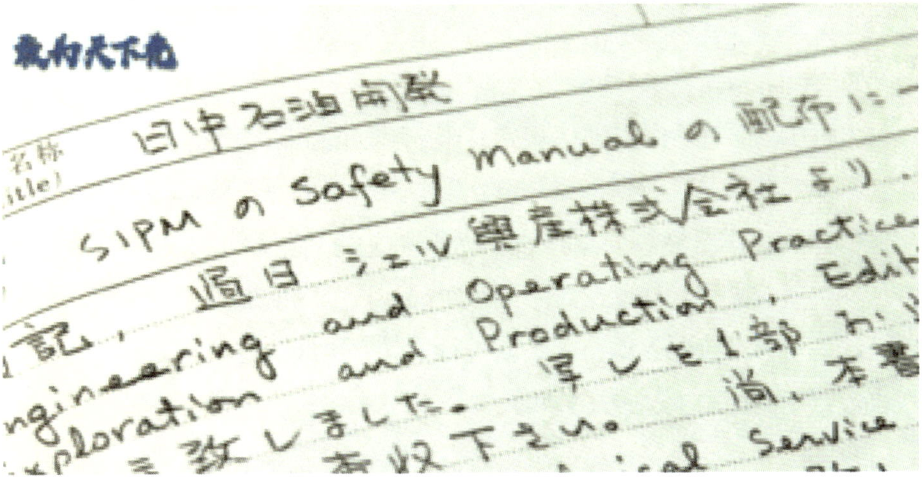

>>>这本泛黄的操作手册，记录着石油专业术语和流程操作指南，它的主人，是埕北油田第一任矿长陶炳全，埕北油田于 1985 年投产，是中国海域第一座现代化油田，也见证了中日合作的风风雨雨，中国海洋石油工业正是在对外合作中迎来了技术的大跨越

主持全国人大常委会委员长会议，再次听取了康世恩副总理关于海上对外合作招标方案和石油条例的汇报，最终在 1982 年 1 月 31 日，《中华人民共和国对外合作开采海洋石油资源条例》和《标准合同》同时在国内外各大媒体上公布。至此，中国海洋石油工业对外合作的沃土终于形成了，中国海洋石油也正式步入了法治阶段，并与国际接轨。

有了法律的支撑，中国海洋石油工业很快就翻开了崭新的篇章。1982 年 2 月 15 日，中国海洋石油总公司成立，紧接着，2 月 16 日，就发布了第一轮国际招标公告。招标公告的发布，中方已经经过了多次探讨和缜密研究。而众多国际石油公司也都是有备而来，志在必得。

按照规定时间，共有来自 11 个国家的 40 多家石油公司，向中国海洋石油总公司递交了投标申请并领取了招标文件。最终，27 家外国石油公司中标中国海域。可是合同谈判才是第一轮国际招标的最后一关，也是最关键的程序。于是，小小的谈判桌成了双方意志与智慧的终极“战场”，中外双方也把争论的焦点集中在了最“致命”的领域——法律、仲裁和税收。

“中国政府如果作出硬性规定，限制我们的产量怎么办？”“仲裁机构在哪里？北京？还是斯德哥尔摩？”一系列疑问一股脑抛向了刚刚“出生”的中国海洋石油总公司。如何解开这些“死结”，成了继续推进对外合作的关键。最终，在坚决维护国家主权和权益的前提下，中国海洋石油总公司对《标准合同》的有关条款进行了又一次细微的调整，双方也终于在平等互利的原则上达成了共识。

1983 年 5 月 10 日，中国海洋石油总公司与英国 BP 等 5 家国际石油公司组成的集团公司，在北京签订了第一轮国际招标的首个石油合作合同。同年 12 月 2 日，中国海洋石油总公司与雪佛龙—德士古等石油公司签订了最后一批石油合同。至此，震惊世界的中国海洋石油第一轮国际招标宣告结束。

在整个第一轮国际招标中，中国海洋石油总公司先后与来自美国、英国、澳大利亚、日本、法国、加拿大、意大利、西班牙、巴西等国家的 27 家石油公司签订了 18 个石油合同。合同区域面积达到 39199 平方千米；勘探工作量总计地震测线 51000 千米、探井 120 口；勘探风险投资总额高达 10.3 亿美元。

从此，中国海洋石油工业对外合作的种子深深埋入了广袤无垠的中国海，只待阳光、雨露的滋润，破土而发，茁壮成长。

海上大庆

1976 年，大庆油田原油产量一举突破 5000 万吨大关，创造了中国第一个世界级油田的开发奇迹。可下一个“大庆”在哪里？这个问题困扰了中国石油人整整 34 年。

直到 2010 年 12 月 19 日，答案终于浮出了水面。时任中国海洋石油总公司党组书记、总经理的傅成玉在北京对外宣布：“国内海域实现年产油气 5000 万吨油当量。”这标志着中国的“海上大庆”成功建成，标志着我国石油工业发展格局完成了从“以陆地石油为主”向“陆海统筹、海陆并重”的转变，更标志着我国正式迈入了海洋石油生产大国的行列。

成绩是耀眼的，可背后的艰辛可能只有海油人自己清楚。2004 年 2 月 11 日，正在召开的中国海洋石油总公司工作会议上，中国海油第五任总经理傅成玉提出：“油公司到 2008 年要实现国内产量 4000 万吨油当量，并在此基础上保持较长时间稳产，争取到 2010 年国内实现 5000 万～5500 万吨油当量，海外实现权益油 2000 万吨油当量。”这无异于冬天里的一声春雷，现场许多人愣住了，大家都担心，他的步子是不是迈得太大了。“资源是否落实？技术是否可靠？建设条件是否具备？持续多年的勘探局面如何破解？”一系列的疑问萦绕在每一个海油人的心头。可很快，一组组图表和数字，以及多位专家领导审慎的论证和分析就激起了大家的斗志。据数据显示，我国 2003 年石油净进口量达到了创纪录的 9739 万吨，而当年国内的石油产量仅为 1.69 亿吨，也就是中国人每消耗一吨油就有超过三分之一依赖进口。这对于国家来说，太“致命了”。

可回到现实，摆在海油人面前的路却让所有人倒吸了一口凉气。7 年时间，2555 个日夜，这么短的时间内，要把产量翻一倍，还要同时补齐老油田递减造成的产量缺口，这样的压力可想而知。而压力最大的，应该就是顶着我国最早采到工业油流和最早实现大规模开发帽子的“海油长子”——渤海油田。要实现 2010 年的战略目标，渤海油田就要把产量增加两倍，这相当于 7 年内要钻井 800 口，建造平台 60 座，是渤海油田前 37 年开发建设工作量的两倍，而仅是勘探开发的投资，就要超过 1000 亿元，相当于澳门一年的国民生产总值。历史将重任交给了渤海石油人，而渤海石油人也用自己的英勇无畏，答好了这张时代考卷。

很快，3 年过去了，可渤海油田距离 2010 年实现“产量翻倍计划”还差得很远。“加速！加速！”成为当时渤海人心中最大的“念想儿”。而往往危难时刻才能造就英雄，面对巨大的产量缺口，时任渤海油田开发部经理的郭太现站了出来。他一次次提着面包、矿泉水出现在北京中国海油

>>> 中国海油发布“1 号文件”，全力冲刺“上产 5000 万吨”（引自《海油故事·启示》）

研究中心，一个项目一个项目找原因、催进度；一次次出现在现场、会场，优化油藏方案、钻井方案，并提出了“从在生产油田周边找潜力，尽快部署评价井，组建简、短、快项目”的建议。终于，在2007年一年里，郭太现带领渤海油田开发部完成了12个油田的总体开发方案设计，创造了渤海油田开发史上的奇迹，也给渤海油田顺利完成3000万吨产能吃下了一颗“定心丸”。

可“上产5000万吨”岂是这么容易就能实现的？一个渤海油田不够，一个“郭太现”也差得远。时间很快就到了2010年，决战的时刻来到了。2010年初，中国海油发布“1号文件”，正式吹响了冲刺5000万吨、建设“海上大庆”的冲锋号。在年初召开的工作会议上，中国海油党组再次动员，全年工作将紧紧抓住一条主线，即“上产5000万吨”，这也是2010年总公司的核心工作，各单位、各部门都要切实做到“一切为了5000万吨、一切服从5000万吨”。随后，又将5000万吨产量量化分解到每一口油气生产井。

战斗正式打响了，可很快海油人就接连遭遇“阻击”。年初，渤海油田遇到了50年不遇的大面积冰冻灾害，造成开发井迟迟不能开钻。年中，深圳分公司一处海管又出现堵塞故障，两个油田被迫停产。夏天，超强台风先后5次侵袭南方沿海，使得湛江分公司、深圳分公司大量平台不能正常作业。另外，蓬莱开发新井投产滞后，部分井产能未达预期；在生产油井生产时率对比预期严重偏低、而递减率却高于预期……种种困难仿佛为海油人锁上了建设“海上大庆”的大门。

关键时刻，英雄们纷纷挺身站了出来。2010年1月，渤海告急，气温已降至零下25℃，冰情还在加剧。位于我国海域最北端的锦州9–3油田，冰厚已达到60厘米，复合冰厚接近4米，极限温度已到零下30℃。更可怕的是，锦州9–3油田没有原油外输管线，生产的原油需要每两天

>>> “荷叶冰”环绕下的锦州 9-3 油田

>>> 破冰船破冰前行

>>> 海油员工在锦州 9-3 油田平台上除冰

>>> 锦州 9-3 油田冬季外输作业（引自《新闻联播》）

>>> 涠洲终端厂区

就要通过油轮外输一次，如果中断，油田势必停产。“冰”临城下，滨海284、滨海266和滨海285三艘破冰船紧急驰援辽东湾。2月13日，农历大年三十，三艘破冰船在辽东湾漆黑冰冷的海面上劈浪疾行。巨大的推力挤压着船体，刚刚切开的海道，转眼间又被冰层合上。凌晨2点，油轮终于在破冰船的协助下靠上平台，憋了许久的员工迅速投入战斗。带缆、接管线、试压、启泵，一条黑色的油龙将平台与油轮连在一起。在浮冰的撞击下，平台不停晃动，发出尖锐的异响。更可怕的是，平台在巨大推力下产生的横向晃动，与陆地发生一场7级地震差不多，员工们只能把双腿尽可能分开，才能保持重心，有些人甚至出现了头晕耳鸣。突然，水流流向改变，大量浮冰向油轮涌来，连接平台和油轮的缆绳瞬间被拉得笔直，随时可能绷断。可所有人都没有畏惧，仍在咬紧牙关，拼命坚持……5个小时后，天光破晓，外输终于结束了，油轮缓缓驶离。这一晚，是除夕夜啊。本该与家人团聚的人们，却在被“白色恐怖”笼罩着的辽东湾，为了“上产5000万吨”的使命任务奋斗着。就这样，为了在冰灾期间确保产量，锦州9–3等油田只能瞄准气候窗，采取“见缝插针”的作业方式，不管白天黑夜，随时准备外输。

同样的困难在祖国的“南大门”同样存在着。2010年9月22日晚上，正值中秋佳节，台风“凡亚比”为南海地区带来了一场暴雨，一时间雷电交加。“这么恶劣的天气，今天的外输作业很可能无法进行啊。”时任中国海油湛江分公司涠洲终端总监李卫团忧心忡忡。按照原计划，第二天涠洲终端将进行单点原油外输，如果油品未能按时输出，终端的储油罐将面临巨大的压力，甚至会影响海上生产，更会影响“上产5000万吨”的大局。想到这儿，李卫团匆匆赶回厂区。中秋佳节3天假期，对这些一线员工来说却是格外繁忙：9月23日，涠洲终端的码头工人输出原油3601立方米、液化气1875立方米；9月24日，涠洲11–1油田连续两天作业到晚上10

>>>海洋石油工人海上作业

>>>2010 年 12 月，中国海油国内年油气产量超过 5000 万吨，海上员工欢呼庆祝

点半；9 月 25 日，涠洲 12-1 油田附属井口平台安装测试完毕。当持续 3 天的雷雨终于停了，年轻人都熬成了黑眼圈！也正是这些涠洲岛上飞出的“北部湾之鹰”们，用自己的青春守住了建设“海上大庆”的南大门。

就是在这样的齐心协力、众志成城中，新的“大庆油田”正式在滚滚波涛中诞生了。2010 年 12 月 19 日，这一天，老一辈石油人半个多世纪以来孜孜以求的梦想变成了现实。这一天，注定要载入中国石油工业史册，在中国海洋石油发展史上写下辉煌的一页。这一天，中国海油人改写了国内石油供应的格局，与中国石油、中国石化形成了三足鼎立的新局面。新时期“海上铁人”郝振山海上工作 21 年，刻苦学艺，对外国司钻豪言：“你手中的刹把迟早是我的”；勘探专家邓运华，全力投入到将渤海这个“摔碎”的油气“金盘子”重新拼接的攻关之中，带领团队发现 7 个大型油田、17 个中型油田；深水专家庞雄，凭借扎实的研究，对外国公司判了“死刑”的白云深水区不离不弃，无数次力排众议，十年如一日的坚持，终于推动了“荔湾 3-1”这个中国首个大型深海气田的发现……还有无数默默奋斗在岗位上的海油人，他们都是“海上大庆”的建设者、经历者、见证者。

我国海上 5000 万吨油气当量不仅仅在能源领域意义重大，也对我国开发海洋、利用海洋，甚至捍卫海洋权益，都有着更加深远的意义和影响。因此，当时 80 岁高龄的原石油工业部部长王涛听到“海上大庆油田”建成的喜讯后激动不已：“海上大庆油田的建成对国家的意义太大了。它不仅是石油工业的一个重要里程碑，而且预示着海洋石油今后将有更快、更大规模的发展。”

如果说，大庆油田的发现，书写了新中国石油工业自力更生、艰苦奋斗的壮丽诗篇，那么“海上大庆油田”的建成，则谱写了新时期改革开放的华彩篇章，真正展现了中国特色社会主义发展道路的美好未来。

中国最大原油生产基地

2022 年 1 月 9 日，中国海油宣布，我国最大海上油田——渤海油田，2021 年原油产量达到 3013.2 万吨，成为当年我国最大原油生产基地，原油增量约占全国增量近 50%，在“十四五”开局之年为保障国家能源安全交出了靓丽答卷。

中国最大的原油生产基地不在陆上了，而是在海上，你敢相信吗？但这便是现实。

3000 万吨原油意味着什么？透过 3000 万吨我们看到了什么？

这个数字相当于我国原油当年产量的 1/7；把它开采出来，年均需要 488 口钻井同时作业，钻井总进尺 112 万米，相当于 126.6 个珠穆朗玛峰的高度；3000 万吨投入市场，可以为全国 2.9 亿辆燃油汽车加 1.5 次油……

可在这耀眼成绩的背后，是无数渤海石油人数十年如一日的艰辛付出。1967 年，中国在渤海钻探的海上第一口探井“海 1 井”出油，拉开了渤海湾石油勘探开发的序幕；1980 年，著名的“渤海 8 号”钻井船第一次出海作业；1989 年，中国第一艘自行设计建造的浮式生产储卸油船“渤海友谊号”下水投产；1990 年，中国第一条长距离油气混输海底管道——锦州 20-2 凝析气田海底管道，在辽宁省锦西市（今葫芦岛市）龙湾海湾登陆成功；2000 年，我国海上最大的整装大油田——蓬莱 19-3 油田在渤海发现，探明石油地质储量 6 亿吨，这是继陆上大庆油田之后，我国发现的第二大整装大油田；2009 年，中国第一艘完全自主设计并建造的 30 万吨级海上浮式生产储油卸油轮“海洋石油 117”，在蓬莱 19-3 油田投入使用；2017 年，海上试采装备“海洋石油 162”在渤海曹妃甸油田服役；2021 年，位于渤海的渤中 13-2 油田探明亿吨级地质储量，这是继渤中 19-6 喜获千亿立方米气田之后，我国在渤海再获亿吨级大型油气发现……

可在无数具有特殊意义的“丰功伟绩”里，最具划时代意义的，也许还是那足以载入史册的两大技术——稠油开采和优快钻井，因为正是它们的出现，才让中国海洋石油工业摆脱了“跟着老外当学徒”的窘境，真正走上了自主创新、壮大自营的发展之路。

1987 年，储量接近 3 亿吨的绥中 36-1 油田在渤海被发现，消息令无数石油人兴奋不已。康世恩听到这一特大喜讯后激动地说：“我们终于抱上了一个金娃娃！圆了在海上找到大油田的梦。”可出乎所有人的预

>>>2022 年，世界首个海上大规模特超稠油热采油田旅大 5-2 北一期成功投产，有效动用地面脱气原油黏度 36000～54000 毫帕秒稠油储量资源，开创了海上特超稠油油藏热采开发新局面

>>>绥中 36-1 油田“四星连珠”

料，当多家外国石油公司对绥中 36-1 油田进行实地勘探后，纷纷失望而归，都不愿与我们进行联合开发。反复追问之下，国际友人才道出了实情：“这里的油稠得像浆糊，几乎不能流动，有的甚至能像泥土一样捏出各种造型。而没有流动性还能叫液体吗？不是液体怎么抽采？如果是陆地油田还可以靠加热和注入蒸汽解决这个问题，可在海上开发那要投入多少成本？”

没有国际公司愿意合作，让所有中国海油人刚刚燃起的希望再次幻灭，这个万众期盼的“金娃娃”因为油太稠，很快就变成了令人敬而远之的“愁娃娃”。难道这么大一块宝贝疙瘩就扔在海底不去开发吗？中国海油人偏偏“不信邪”，决定依靠自己“变废为宝”，毅然决然地走上了“明知山有虎，偏向虎山行”的勇者之路。

1993 年 9 月 26 日，绥中 36-1 油田终于迎来了“英雄出世”的荣光时刻，中国海洋石油工业也正式打响了大规模开发海上稠油的第一枪！先期试验区投产后，表现出了旺盛的生产能力，而绥中 36-1 油田也凭借首创的注水强采稠油开发技术和后期研发的聚合物驱油技术，大幅度提升了海上稠油的采收率，创造了海上稠油整体实施三次采油的世界先例，对国外石油公司宣判“死刑”的无效益油田进行了高效开发，也就此创造了中国海洋石油工业发展史上的又一个里程碑。

钻井速度如何能够与海洋石油勘探开发需求相适应？管理究竟还有多少潜力？技术到底还有多大作为？一系列疑问像一块块千斤巨石，压在海油人的心头。就在大家纷纷为锦州 9-3 油田惋惜之时，原中国海油总地质师龚再升提供了一个重要线索：优尼科公司在泰国湾的 Erawan 气田，只用不到 6 天时间，就钻成了一口 3500 多米的深井。

3500 米，6 天？这可能吗？开什么玩笑？质疑声纷至沓来。为了寻找答案，更为了锦州 9-3 油田的“一线生机”，海油人立刻成立了 8 人考察团，于 1994 年 8 月赶赴泰国一探究竟。

结果，短短 12 天里，从码头场地到海上施工现场，他们眼里看到的、耳中听到的，只有一个“快”字！这彻底颠覆了考察组的认知。他们明白了一件事：中国海油人完全被传统钻井观念的定式思维束缚了；在设备、技术条件基本相同的情况下，管理思路、技术观念的差异直接造成了截然不同的效果。这就是差距的根源，也是海油人实现快速钻井、拯救锦州 9-3 油田的“突破口”。

1994 年 10 月，在北京西山召开的钻井工作会议上，刚从泰国考察归来的专家们，悄悄改变了会议计划，把桌子上准备好的成绩交流材料偷偷换掉了，取而代之的是找差距、补短板。时任中国海油总经理王彦在总结时也提出了明确要求："要充分吸收泰国湾的技术和管理经验，力争在点上取得突破，然后在总公司范围内全面推广！"

就这样，1995 年 8 月 23 日 10 时 45 分，歧口 18-1 油田优快钻井试验正式开钻。很快，奇迹诞生了。10 月 21 日 17 时 15 分，施工作业"鸣金收兵"，3 口平均井深 3561 米的生产井，平均建井周期由原来的 57 天 / 口缩短至 18.82 天 / 口，与同区域历史水平相比，提高 3.3 倍。其中一口井的建井周期甚至只有 13.31 天，更是同时打破了 3 项中国海洋石油总公司钻井纪录。

为了继续验证"优快钻井"的成效，海油人又马不停蹄地开展了多次试验。1996 年 10 月，绥中 36-1J 区块也取得了平均建井周期 3.71 天的好成绩；1997 年 3 月，在自然条件极其恶劣的情况下，歧口 17-3 钻井项目的平均建井周期达到 7.96 天，再次刷新 6 项中国海洋石油总公司钻井纪录。

经过多次试验论证，属于我们自己的"优快钻井"技术日臻成熟，在短短不到 10 年时间里，依靠实施优快钻完井，使渤海的原油产量由 200 万吨一下子跃升到了 1000 万吨！

自 20 世纪 90 年代以来，中国海油已连续开展三次"优快钻井"提升行动，使平均钻井周期从 57 天下降至 10 天以内，钻井效率提升了 6 至 7 倍，为渤海油田的快速发展打通了关键瓶颈。此后，以优快钻完井技术为代表，渤海油田的储层描述技术、地质数模和建模技术、工程建造技术以及在生产油田综合调整技术等均达到世界先进或国内领先水平。

正是在渤海石油人战天斗海的豪情壮志下，在一项项技术不断迭代升级下，才有了中国“海上大庆”的成功建成，才有了“国内原油增产看海上，海上原油增产看渤海”的美名远播，才有了如今的“中国马拉开波湖”“中国最大的海上石油生产基地”——渤海油田。

知识链接

琳琅满目的光环——海洋石油勘探开发过程中获得的国家奖励

序号	获奖年度	项目名称	奖励级别	奖励类别	奖种	获奖等级	评奖单位
1	2014	超深水半潜式钻井平台研发与应用	国家级	科技奖	科技进步奖	特等奖	国务院
2	1985	埕北油田A钻井平台设计和海洋丛式钻井技术	国家级	科技奖	科技进步奖	一等奖	国务院
3	1988	埕北A区油田建造工程	国家级	科技奖	科技进步奖	一等奖	国务院
4	1996	渤海绥中36-1油田试验区开发工程	国家级	科技奖	科技进步奖	一等奖	国务院
5	2010	中国海洋油气勘探开发科技创新体系建设	国家级	科技奖	科技进步奖	一等奖	国务院
6	2018	南海高温高压钻完井关键技术及工业化应用	国家级	科技奖	科技进步奖	一等奖	国务院
7	2019	渤海湾盆地深层大型整装凝析气田勘探理论技术与重大发现	国家级	科技奖	科技进步奖	一等奖	国务院

海洋平台展神威

海洋石油平台（简称平台）是为海上进行钻井、采油、集运、观测、导航、施工等活动提供生产与生活设施的构筑物。

海上钻井离不开平台，海上采油离不开平台，海上油气加工也离不开平台。海洋石油平台是海洋石油人施展技能的载体，犹如打擂比武的擂台。

有了艺术舞台，艺术家们能演奏出威武雄壮的交响乐曲；有了海洋石油平台，海洋石油人能干出一番惊涛骇浪的事业来。

离开石油平台，海洋石油人将一事无成。那么，让我们站在全球角度，了解一下海洋石油平台的发展历史和发展现状吧。

Petroleum Stories

海洋平台早期的三大探索

当你看到一座座海洋平台、一个个钻塔矗立在波涛汹涌、红日冉冉海浪中的宏伟照片时，你是否会想到，它最初是由木架演变过来的。海洋平台的发展，经历了一个由浅到深、由木质到钢制、由钻井到采油和油气加工的演变发展过程。其间，经历了三大探索。

第一大探索：构木入海探黑金。利用木质材料，是人类最初的发明。在中国的上古时期，就有木质的猎具、农具、渔具，以及“构木为巢”的发明。到了秦汉三国时代，就有船、车的记载，还有木牛流马的传说。世界上的海洋石油工业，最初也是借木质工具下海的。

1894年，在美国加利福尼亚州的圣巴巴拉附近，石油“探险家”们发现了萨默兰德（Summerland）油田。经过多年的开发，人们发现，陆上的油井越是靠近海里，其产量越高。1896年，他们开始往海里打木桩建造码头，再把钻机安在码头上打井。最早的两座码头分别深入海里约90米和150米，每座码头上可以钻6～12口井。后来，又往海里修建木制栈桥，在栈桥上进行钻井。第1座栈桥长约76米。到1900年，这个海滩上一共建了11座码头，其中最长的一座长约381米。当时用的是轻便的冲击钻机，并用汽油发动机作动力。

另一次借木水上找油的实践，是在路易斯安那州的卡多湖上。海湾石油公司的前身格菲石油公司，发现并开发了卡多油田，在湖的三面开采石油。1907年，一个名叫麦克兰的人发现湖中有气苗出现。于是在他的主张下，梅隆接管了这家公司，并改名为海湾石油公司，花费 8 万美元买下了湖区 8000 英亩土地。公司的钻井经理梅拉特把钻机用驳船沿密西西比河和红河运来，让工人们砍倒湖边的大树，用作木桩，建成了木制钻井平台。1911 年，卡多湖上第一口油井钻成了，日产油 450 桶。这一年，海湾石油公司共在湖上打了 8 口井，并铺设了集油管网，建了 4 座水上集油站。到了 1915 年，这里共钻 300 口油井，年产油达到 183.6 万吨。

而在地球的另一边，在阿塞拜疆的巴库，富产石油的阿普歇仑半岛上的油田也不断向里海水域延伸。1923 年，为了开发比比艾巴特油田伸向海中的部分，工人们开始向海里填土，并在人工小“半岛”上钻了一口井，在井深 2160 米处喷出了石油，就此揭开了开发里海石油的序幕。1925 年，工人们又在浅海区堆筑了一座人工岛用来打井。可是由于建造人工岛的造价实在太高，因此这里同样也采取了建造木头栈桥的办法，开采 5～6 米浅水区的石油。

第二大探索：以钢代木固平台。在海里找油，用木质材料搭建平台，固然有着便于运输、节约成本等优越性，但是，它的牢固性、稳定性及耐腐蚀性等方面，却存在着先天不足。于是，海洋找油人开始尝试“以钢代木”，搭建平台。

1934 年，美国加州开始开发第 2 个海滩油田——艾尔伍德油田。这时候，冲击钻机已经被旋转钻机取代，焊接技术也已经被广泛应用，因此艾尔伍德油田主要采用钢质栈桥。

1936 年，美国为了开发墨西哥湾陆上油田的延续部分，钻成了第一口海上油井并建造了木质结构的生产平台，最终于 1938 年成功开发了世界上第一个海洋油田。第二次世界大战之后，木质结构平台就被改良为钢管架平台。

1945年8月，路易斯安那州成功招标了第1批海上石油租借地。马格诺利亚石油公司捷足先登，并在离岸9.6千米外用338根木头和52根工字钢，建造了一座固定式钻井平台。从此，钢材开始逐渐取代木材，用来建造钻井平台。

而同在墨西哥湾找油的另一家公司——科麦吉石油工业公司，也在1946年8月，花费3万美元，获得了2个区块。但是，它却把大部分股权转让给了菲利普斯公司和斯塔诺林德石油天然气公司，自己只保留了1/8股权。探区距离海岸有16.9千米，如果建造了固定平台，一旦打出来的是干井（不具有商业开采价值的油气井），那么这个平台就白扔了，风险实在太大。于是工程师们经过反复研究，最终建议采取固定平台同浮式驳船相结合的方案，将钻机安在平台上，其他设备则安在驳船上。这样，就只需要建造一座小平台，便能在满足钻井施工条件的情况下，将风险降到最低。可第一次建造这样的平台难度可想而知。经过反复筛选，最终将这个艰巨的任务交给了布朗路特公司。这家公司首先在井位上打了3根试验桩，经过测试，每根直径0.6米的钢桩，打入海底31.7米，可以承受48吨载荷。于是，他们按照科麦吉公司的设计，一共制作了16根钢桩和6根经过防腐处理的木桩，并牢牢打入21米深的海底，把上部平台支撑在低潮位以上6米的高度，由钢桩和木桩分别支撑平台的两个部分。就这样，海上钻井平台由“木头人”变身成了超级“钢铁侠”。

第三大探索：乘船出海打油井。在海边修栈桥、搭平台找油采油，只能算海油的“小儿科”，往海水深一些、再深一些的地方找油，栈桥和平台恐怕修建不起来，也修建不起。因此，只有开发并且拥有了多种多样的能在水上进行钻井作业的船只，人们才能真正“下海”找油。

看到墨西哥湾的“黑色宝藏”后，加利福尼亚州的石油公司也都无法抵挡财富的诱惑，纷纷把目光投向了浩瀚的大海。他们也希望走出一条

“海上淘金路”。但加州西海岸与墨西哥湾并不相同，此处的大陆架坡度很陡，而且当地的人们也不希望海上有固定的平台阻挡视线。

难题往往能够激发出人们无穷的创造力。加利福尼亚的石油专家们认为这里的环境，更适宜采用浮式钻井船，打算另辟蹊径。于是，大陆、联合、壳牌、苏必利尔四家公司组成的CUSS集团，开始着手研制“下海找油神器”——钻井船。专家们先是从战争剩余物资中，找来了一条长53米、宽7米、吃水2.5米、重300吨的旧船，然后在船的中部加上了悬臂式平台，并伸向后方，这样就可以在船的后部进行钻井作业了。可是在1953年，当这条钻井船Submarex号投入试验后，却发现了很多问题，没办法只能重新设计。于是，CUSS集团再次到战争剩余物资市场上，去找合适的旧船。1955年，他们又购买了一条大型甲板驳船，并重新加以改造。这次不再采用在船上加装悬臂式平台的方式，而是选择在船的底部切出一块菱形空间，在上面安装钻机，并采用桅杆式井架，大钩的载重能力约为250吨，每2根钻杆组成1个单根。另外，船上共有3块甲板，工作面积超过0.3万平方米。当驳船到达井位后，由柴

>>> CUSS-Ⅰ号钻井船

>>>Glomar 钻井船

油发动机驱动绞车，带动 6 根钢缆对其进行锚定，并同时设计了一套独特的立管和井口。

1957 年，“CUSS-Ⅰ号”钻井船终于改装完毕，一个长 78 米、宽 12.5 米、型深 4.5 米、吃水 3 米、总吨位 3000 吨的庞然大物诞生了。可是虽然它被 6 台锚机和 6 根钢缆系于浮筒之上，但是用浮船钻井却始终无法避免由波浪、潮汐引起的船舶漂移、摇晃和上下升沉，从而就会导致钻头随时可能离开井底、钻井液返回漏失、钻遇高压油气大直径的导管由于伸缩运动而不能耐高压等一系列问题，因此就只能把防喷器放到海底来尽量减轻海上自然因素对钻井施工造成的不利影响。就这样，“CUSS-Ⅰ号”钻井船首次使用了简易水下设备，再次把浮船钻井技术向前推进了一大步。

后来，贝克休斯公司建造了自行驱动、吃水量高达 5800 吨的 Glomar 号浮式钻井船，又逐渐成为新一代钻井船的典型代表。

海洋平台的“家族”

海洋平台从 1894 年威廉姆斯在美国加利福尼亚州巴巴拉附近“构木找油”算起，迄今已经有 130 年的历史了。130 年来，随着海洋石油工业的发展，海洋平台的发展突飞猛进、日新月异，如今它们已经形成了一个大“家族”。这个大家族如果给他们分支，我们可以看看它们的“族谱”。

按其用途来分，可分为钻井平台、采油平台、生产平台、生活平台等；按其结构特性和工作状态，可分为固定式平台、活动式平台和半固定式平台三大类。其中固定式又分为桩基式平台（导管架型平台、塔架型平台）、重力式平台（钢筋混凝土重力式平台、钢重力式平台、钢—钢筋混凝土重力式平台）；活动式平台又分为着底式平台（坐底式平台、自升式平台）、浮动式平台（钻井船、半潜式平台）；半固定式平台又可分为张力腿式平台、拉索塔式平台等。按其制造的材料来分，可分为钢质平台、

>>>海洋平台大家族

>>> 坐底式钻井平台

钢筋混凝土平台、混合平台等。

其中，海洋平台家族中的三位成员不容小觑，这里给大家介绍一下。

岿然不动坐底式。坐底式钻井平台又叫钻驳或插桩钻驳，亦称“沉浮式钻井平台”，它苦练的武功是所有武学的基础——“马步定盘”。千万不要小看这个入门级别的功夫，习武之人常讲“入门先站三年桩，想要学打先扎马”。所以，看似简单的功夫，往往蕴藏着无尽的能量。

坐底式钻井平台的原理与“扎马步”类似，钻井时灌水下沉就像扎马步时的屈膝沉气、降低重心，而完工时排水浮起就是扎马步时的直膝收势、恢复重心。它具有构造比较简单、投资较少、建造周期较短等优点。但是，这种平台一般也只能用于浅水的海域，工作水深在 60 米以内，作业水深过大则会导致结构重量增加，从而大大影响经济性。加上其作业水深不能调节，对海底地形和土壤基础也有一定要求，因此适应性不强，也间接造成了在世界范围内坐底式平台发展相对较慢的局面。

1932 年，得克萨斯石油公司（德士古公司的前身）在路易斯安那州租下了一大片沼泽地。一个名叫麦克赖德的人带来了一个新的石油开采方案：他设计了一种带有压水舱的钻井驳船。这种驳船到了井位上，往舱里

>>> 坐底式钻井驳船

>>> 自升式钻井平台

灌水，使驳船下沉，坐落在湖（海）底，成为稳固的钻台。钻井完成后，抽出舱里的水，驳船就浮起来，又可以拖到新的井位上去钻新井。得克萨斯石油公司接受了这个方案。令人惊讶的是，他们发现，在4年以前，即1928年8月21日，一个名叫路易斯·吉列索的船长所申报的专利，与其思路完全一样。随后他们在巴拿马找到了吉列索船长。这位船长听说得克萨斯石油公司要实现他的专利，非常高兴，马上启程于1932年7月返回美国。他说，他在委内瑞拉的马拉开波湖上，看见过钻井，因此受到启发，发明了这种船，并且同意转让专利使用权。1932年8月，得克萨斯石油公司按照同样原理，建造了一条小一点的浮式驳船，取名“麦克布里德号”，并在花园岛海湾投入使用。这是人类第一次“浮船钻井”，即这个驳船在平静的海面上漂浮着，用锚固定进行钻井。但是由于船上装了许多设备、物资和器材，在钻井的时候，该驳船就坐到海底了。从此以后，就一直用这样的方式进行钻探。这就是第一艘坐底式钻井平台。

横刀立马自升式。自升式钻井平台修炼的是著名的“轻功”——“壁虎游墙术”。它具有能垂直升降的桩腿，钻井时桩腿着底，平台则沿桩腿升离海面一定高度；移位时平台降至水面，桩腿升起，然后平台就能像驳船一样，可由拖轮把它拖移到新的井位。远远望去，平台工作时就好似一位轻功高手，背靠墙壁、悬空而坐；起降时又仿佛一只壁虎，在墙壁似的桩腿上自由活动、随意上下。自升式平台生产于1950年。其优点主要是所需钢材少，造价低，在各种海况下都能平稳地进行钻井作业；缺点是桩腿长度有限，使它的工作水深受到限制，最大工作水深在120米左右。超过此水深，桩腿重量将显著增加，同时拖航时桩腿升得很高，对平台稳定性和桩腿强度都不利。

20世纪50年代，一位名叫莱翁·德龙的法国人，提出了一种全新的概念。他的方案是：在平底驳船上设几根可以升降的支腿，船在航行时，支腿升起，就位后，支腿下落，插入海底，把船体顶升到浪峰以上。这就是后来广泛采用的自升式钻井平台。

制造商勒图诺被称为“当时美国石油界最有创造思维的人”。他认为德龙设计的自升式装置，应该改用电动机来驱动升降装置。1956 年 3 月 26 日，扎帕塔·斯考品号钻井平台建成亮相，它也是第一条三腿式的自升式平台，用单独的电动机驱动小齿轮，沿桩腿上的齿条升降船体。随后，1957 年制造的“卡斯二号”，则对自升式钻井平台进行了进一步改良，变为带有沉垫和 4 条圆柱形桩腿的平台。

之后，滨海钻井承包商们认识到，在 12 米或更深的水中工作，升降系统的造价比坐底式钻井船要低得多。而且自升式钻井平台的支腿是可以升降的，不钻井时，把腿升高，平台坐到水面，拖船把平台拖到工区，然后使支腿下降伸到海底，再加压，平台升到一定高度后，就可以最大限度

>>>半潜式钻井平台

地脱离潮、浪、涌等海洋自然环境的影响，从而能够更好地保障海上钻井施工的顺利进行。

随浪沉浮半潜式。半潜式钻井平台由坐底式平台发展而来，只是在灌水下沉时并不需要沉坐在海底，而是只需让大部分浮体处于海面以下，就好似一位大侠漂浮在水中“扎马步”，既要屈膝沉气降重心，又要克服浮力保平衡。这可比在平地上“扎马步”难多了。它上部为工作甲板，下部为两个下船体，用支撑立柱连接。工作时下船体潜入水中，甲板处于水上安全高度，水线面积小，波浪影响小，稳定性好，自持力强，工作水深大，而新发展的动力定位技术用于半潜式平台后，其工作水深更是可达900~1200米。半潜式与自升式钻井平台相比，优点是工作水深更大，移动更加灵活；缺点是投资大，维护费用高，需有一套复杂的水下器具，有效使用率低于自升式钻井平台。

半潜式钻井平台自1961年诞生到现在，共经历了6个发展阶段。

第1代半潜式钻井平台出现在20世纪60年代中后期，布鲁斯·科里普发明了半潜式钻井平台。第1台半潜式平台是“碧水1号”，诞生于1962年，是用坐底式平台改造而成的。当时为了减少移位时间，该公司在吃水12米的半潜状态下拖航。在拖航过程中，发现此时平台稳定，可以钻井。当年在墨西哥湾投入使用，可惜1964年被飓风刮倒沉没。大约也是于1962年前后，外海钻井勘探公司建成了海洋钻工号，并用它在墨西哥湾钻井。1964年，凯撒公司为圣菲国际公司制造的“碧水2号”，又前进了一步。它有4条腿（立柱），工作水深达274米。

半潜式钻井平台综合了浮式钻井船和坐底式驳船的优点。浮在水面上，才能在较深的海域工作。船体灌放水，可以调节吃水深度，保持船体稳定。它的下部是有相当容积的浮筒，上面是若干个中空的立柱，支撑着上部平台。平台上面是全部钻井装备和必要的生活设施。整个平台靠浮筒

>>> 第一代半潜式钻井平台

>>> 第二代半潜式钻井平台

浮在水面，由拖轮牵引而移动。到达井位后，向浮筒里灌入一定量的水，以增加吃水，提高作业时的稳定性，并且用锚链固定。

到了 21 世纪初，世界上最先进的第 6 代半潜式钻井平台相继诞生。其作业水深达到了 2550～3600 米。其中多数为 3048 米（10000 英尺）左右，钻深大于 9144 米，完全采用动力定位，船体结构也更为优化，可变载荷更大，同时配备自动排管等高效作业设备，已经能够适应极其恶劣的海洋环境。

第 6 代半潜式钻井平台被誉为海洋工程领域的“航空母舰”。它比以往平台更先进的设计，在于采用了双井作业方式，即相对于陆地钻机而言，该平台钻机具有双井架、双井口、双提升系统等。主井用于正常的钻进工作，辅助井口主要完成组装、拆卸钻杆及下放、回收水下器具等离线作业。虽然平台的投资有所增加，但是对于深海钻井作业效率的提高是极其显著的。

挺立在大海中的钢铁巨人

2017 年 2 月 13 日，山东烟台中集来福士海洋工程有限公司的船坞内，一场盛大的命名仪式正在举行。随着红绸缓缓揭下，蓝鲸 1 号平台的名字赫然显现，它如同一位沉睡的巨人，在这一天被唤醒，准备踏上征服深海的征程。它代表了当今世界海洋钻井平台设计建造的最高水平，将我国深水油气勘探开发能力带入世界先进行列。

2017 年 5 月 18 日，是一个值得载入中国地质史册的日子。这一天，

>>> 蓝鲸 1 号半潜式钻井平台

我国南海海域天然气水合物试采宣告成功！这也标志着我国成为全球第一个在海域可燃冰试开采中，获得连续稳定产气的国家。蓝鲸1号作为施工平台，将形似冰雪的可燃冰试采而出，实现了在这一领域由“跟跑”到“领跑”的历史性跨越。

蓝鲸1号平台长117米、宽92.7米、高118米，排水量可达7万吨，与“辽宁”号航母满载排水量相当。其面积相当于一个标准足球场大小，高度则相当于40层楼的高度。蓝鲸1号的性能极为出色，最大作业水深可达3658米，最大钻井深度更是达到15240米，是目前全球作业水深、钻井深度最深的半潜式钻井平台，适用于全球深海钻探作业。

在蓝鲸1号的心脏——控制室内，装配了全球最先进的液压双钻塔和2个井口，两台钻机可在两个井口同时实现钻井、连接套管、下放防喷器等主副线作业，有效减少了钻井辅助时间，使深水钻井作业效率比传统的单井口作业平台提高30%。同时，该平台还配备了全球领先的DP3闭环动力管理系统，可比同类作业平台燃油消耗降低10%。

让我们的目光回到2017年3月28日，水合物试采工程开钻的那一天。

晴朗的天空下，望着蓝鲸1号巍峨的钻塔，随着钻杆一根又一根接起来钻向深海底部，挺进可燃冰储层，地质组副组长匡增桂的压力越来越大，他主要负责可燃冰试采井位的选取。

频繁失眠的他经常半夜坐在指挥部问自己，我们选的井位究竟值不值得国家动用这么多人力、物力、财力？万一打下去什么都没有，自己该如何面对？

试采指挥部办公室主任察觉到了他的不对劲，主动找他谈话：“小匡，不要有负担。第一口井就是失败了，积累的经验也可以用于第二口井。”

>>>深水浅层气及天然气水合物示意图

“三军未动，粮草先行。”精细的地质工作就是可燃冰这场能源竞争的“粮草”。从2013年开始，地质组根据多年的勘查和研究，把可燃冰钻井井位选定在条件非常好的珠江口盆地西部海域，精确地选定了钻井井位。不料，临近试采工作前夕，因客观原因，研究最成熟的珠江口盆地西部海域孔位不得不放弃，他们把目标转移到神狐海域。留给他们的时间只有一个月，他们吃住在办公室，不分昼夜分析研究资料，最终如期确定了井位。

2017年5月10日，令人紧张的时刻终于来临，成败在此一举。

9时20分，平台开泵降压，气路管线压力下降。

14时52分，指挥长下令点火。顿时，从平台伸向海面的火焰冲天而起！

点火成功了，但更大的挑战还在后面。

可燃冰试采点火第二天，现场指挥部的决策者和科技人员与前一天相比判若两人，褪去激动、欣喜、欢快的神情，所有人都紧张地盯着大屏幕上不断变化的数据。

为了完成中国地质调查局“日产万方、连续一周”的试采任务，项目组每晚都组织科研人员针对出现的各种情况进行讨论，会议经常到深夜才结束。大家都清楚，点火成功后的这一周极为关键。

2014 年 7 月，得知中国在第八届国际水合物大会上宣布将可燃冰试采时间定在 2017 年，原计划在 2018 年进行可燃冰试采的日本竟然把时间也提前到 2017 年。但日本从 5 月 4 日试采到 5 月 15 日，因出砂问题被迫终止，12 天产气 3.5 万立方米，每天平均出气量 3000 立方米左右。所以，我国这次可燃冰试采不仅要点火出气，重要的是出气量要更大、出气时间要更长，而且不能出现砂堵出气管的问题。

功夫不负有心人。现场指挥部大屏幕上跃动的数字不断攀升。5 月 18 日，出气总量达到 12 万多立方米，平均日产 1.6 万立方米，单日产量最高达到 3.5 万立方米，所有人绷紧的神经终于松弛下来。

“看着这燃烧的火焰，仿佛自己的青春在燃烧，我甚至有些恍然如梦。”年轻的方允鑫博士在平台和大家一起欢呼起来。

这将是载入世界可燃冰研发历史的时刻，也将是世界能源发展史上的里程碑！

蓝鲸 1 号在海洋中的每一次深潜，都是人类向深海奥秘迈出的勇敢一步。这座钢铁巨人，将继续在波涛汹涌的大海中，书写着属于它的传奇故事。

扎根海底的采油树

在陆地，一提到油田，你可能会立即想到一排排的采油树、一个个忙碌的磕头机。其实，在海里采油，也有采油树。

海上的采油树“生长”在采油平台上。

海洋石油人可以在平台上进行开采和日常活动。按平台的布置方案，可分为综合式采油平台、组合式采油平台；按平台的作用，可分为油气开采平台、海上油气集输平台、海上服务平台；按制造材料分，可分为桩基式钢质平台、重力式混凝土平台、桩基混凝土混合式平台；按平台的特点分，可分为固定式采油平台、浮式采油平台。它们的主要作用是开采油气，并对油气进行初步处理（如油气、油水分离）。

这些海上的采油树，与陆上的“兄弟”相比，有着自己独特的特点。它们的“枝叶”更为简洁，井口部分的装置更为精简；“根须”则更为发达，一个采油平台可能有数十口油管深入海底，汲取着大地的恩赐；而“水分”则更为充足，因为它们的根须整天浸泡在海水之中。

故事的开端要追溯到1971年，中国在渤海发现了第一个海上油田——海4油田。为了开采这片宝贵的资源，人们建造了两座海上钻井平台。其中，“渤海4号”平台，原本设计为搬迁式，后来，由于该平台钻探的第一口井为高产井，且原准备用于拔桩搬迁的起重船尚未建成，故决定该平台不再搬迁，而是将其加固改建成了固定式钻井平台，成为中国第一座海上采油平台。

随着时间的流逝，中国海上采油技术不断进步。1986 年，中国自行建造的第一座现代化海上采油平台在渤海埕北油田诞生。它长 60 米、宽 64 米、高 23.6 米，重达 9382 吨。这是中国自行建造的第一个海上原油处理装置，是一座符合国际标准的现代化海上采油平台。由生产平台和公用设施及生活平台组成，其中生产平台可以把采出的天然原油和天然气处理

>>> 海上采油平台

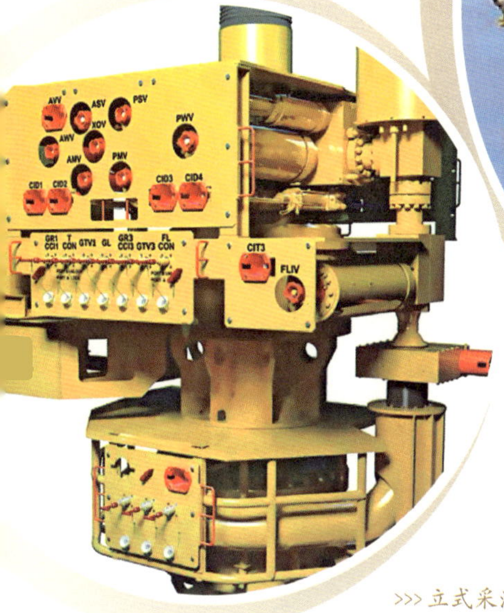

>>> 立式采油树

>>> 中国第一个海上油田——海 4 油田（引自《中国油气田开发志》）

成合格的商品原油和天然气，上面装有 126 台原油处理设备和 1000 多个自动化监控测试仪表，下通 23 个井眼，日产原油 546 吨、天然气 4 万立方米。这是当时中国最大的一座海上采油平台。这一平台的建成，填补了中国海上采油设施制造技术的空白，表明中国已经能够独立制造海上油田勘探、钻井、采油全过程的成套设备。

进入 21 世纪，中国的海上采油技术更是达到了新的高度。2014 年，中国海油深圳分公司建造投产的“南海挑战号”采油平台，以其高度专业化和自动化，成为中国最先进的海上采油平台。而恩平 15-1 无人化开采平台的投产，则标志着亚洲最大的海洋采油平台的诞生，展现了中国在海洋采油领域的领先地位。

悬浮在海面的油气加工厂

陆上的炼油厂、石油化工厂，炼塔高耸，罐群林立，管线如织，十分气派。海上也有油气加工厂，正式的名称是“浮式生产储油卸油装置”（FPSO）。这些海上的工业城堡，以其巍峨的油气处理装置、庞大的储油罐和错综复杂的管线，构成了一幅现代工业的壮观图景。

故事要从 FPSO 的诞生说起。在遥远的海上油田，石油和天然气的开采面临着一个巨大的挑战：如何将这些宝贵的资源高效、安全地转化为可用的能源？传统的运输方式，无论是轮船还是海底管线，都存在成本高昂和风险大的问题。为了解决这一难题，FPSO 应运而生。

FPSO 通过海底输油管线接收来自海上油井的油、气、水等混合物，将混合物加工处理成合格的原油和天然气，合格产品被储存在船舱中，达

>>>浮式生产储油卸油装置（引自《海上特区 40 年》）

到一定量后经过原油外输系统，由油轮输送至陆地。这就如同在海上建立了就地取材、就地加工、就地产出优质产品的海上“联合站”，既减少了成本，又降低了风险。FPSO 广泛适合于远离海岸的深海、浅海海域及边际油田的开发，目前已成为海上油气田开发的主流生产方式。

FPSO 的整体结构由两大部分组成：上部组块和船体。上部组块完成对原油的加工处理，而船体负责储存合格的原油。根据系泊方式不同，可分为多点系泊和单点系泊两大类。其技术结构为系泊系统、船体部分、生产设备、卸载系统和配套系统。

中国的 FPSO 产业起步较晚，但发展迅速。1986 年，我国在北部湾油气开发中首次采用了 FPSO。1989 年我国自行设计建造了第一艘 FPSO“渤海友谊”号。1990 年后建造了“南海发现”号“南海开拓”号和“南海胜利”号。2009 年 3 月，中国第一艘完全自主设计、建造的 30 万吨级 FPSO“海洋石油 117”在蓬莱 19–3 油田投入使用。

作为开发海洋石油的关键设备，FPSO 不仅在设计、建造与安装技术

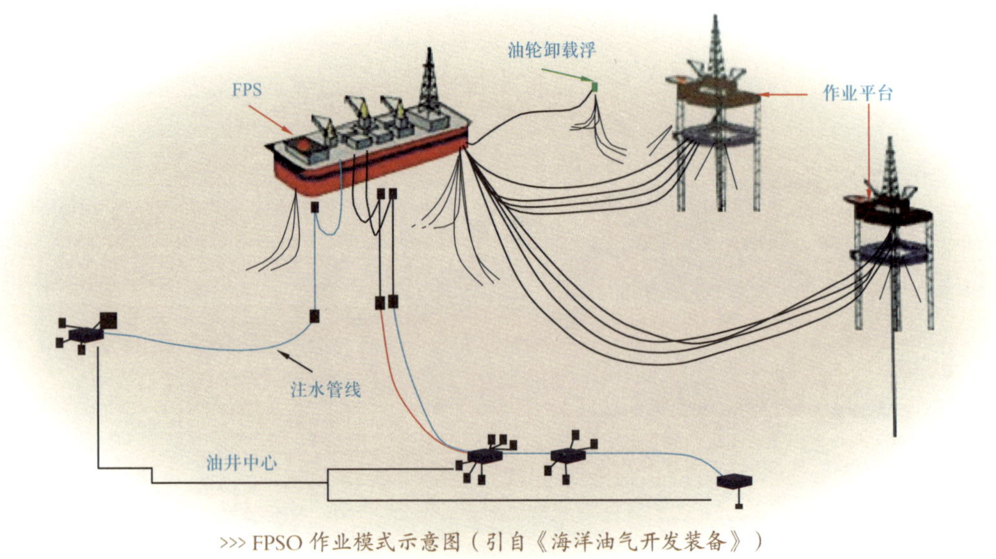

>>> FPSO 作业模式示意图（引自《海洋油气开发装备》）

>>> “蓝鲸 2 号”半潜式钻井平台

上，反映出一个国家的工业水平，而且其“自成一体”的规模化和专业化也在相当程度上体现了一个国家的海洋工程综合实力。

经过 30 余年的不懈探索，中国已可建造从作业海域水深 20 米到 2000 米、吨位从 5 万吨级到 35 万吨级的 FPSO，船型从抗冰型、浅水型到抗台风型，从依靠外国进行设计到自主研发，而如今已走出国门并承接了多个国际市场 FPSO 设计与建造项目。

知识链接

蓝鲸 2 号

“蓝鲸 2 号”是半潜式钻井平台，这座以海上巨兽“蓝鲸”命名的海工巨无霸由中集集团全资子公司——中集来福士海洋工程有限公司自主设计建造，平台长 117 米、宽 92.7 米、高 118 米，最大作业水深 3658 米，最大钻井深度 15250 米，自重 4.4 万吨，可抵御 15 级以上的飓风，可在全球 95% 的海域作业。2020 年 3 月，“蓝鲸 2 号”半潜式钻井平台在水深 1225 米的南海神狐海域顺利开展第二轮可燃冰试采任务。

海上钻井平台被称为“流动的国土”，体现着一个国家的整体工业实力和发展方向。

10 年前，中国还完全没有自主制造海上钻井平台的能力。目前，中国在该领域已达到完全自主化，其中超深水钻井平台的超厚钢板、钻井闭环技术更是世界首屈一指，推动了中国海工行业的跨越式发展。

巨轮蹈浪做“CT”

海洋浩瀚无垠，海底油气资源丰富。但是，在茫茫的大海中，有几百米甚至几千米深的水层，海底下还有几千米厚的岩石层，看也看不见，摸也摸不着，石油到底在哪，又该怎么找呢？

探查海洋石油使用的最普遍方法，就是在船上装上特殊的设备，通过人为制造地震的方法，来给沉睡在海底的岩层做“体检”。实际上就是在水中制造人工地震波，再使用专业的设备，对这些波形数据进行接收并记录，再经过专业计算机软件的处理，就可以得到一幅真实反映海底岩层样貌的“体检图”——地震勘探成果图，再通过专业人员的研究分析，就能知道海底的石油“隐藏”在哪了。就理论方法和技术内核而言，地震勘探与医学中的超声波检测非常类似。因此，地震勘探被形象地称为给地球做“CT”。

海上物探船

Petroleum Stories

我国海上寻油第一测线

新中国成立以来，我国石油地质勘探工作一直在陆地进行，干的是“旱鸭子”的活，对海洋石油勘探还不太了解。

20 世纪中期，我国在莺歌海首先发现油气苗。20 世纪 60 年代，大庆油田建成后，石油工业部确立了“上山、下海、大战平原”的方针，其中“下海”指的就是到“渤海湾”找油。

随即，石油工业部颁布文件，决定在渤海开展实质性油气勘探开发作业，成立海上石油勘探机构和队伍。

1964 年，华北石油勘探指挥部（641 厂）成立了一支浅海地震队——

>>> 华北石油地震勘探会战誓师大会（引自《大港物探志》）

216 地震队。当时我国的经济比较落后，华北地区的石油工人也都是从松辽盆地整建制搬迁过来的，海上勘探还未曾涉及，大部分石油工人都没见过海，对海的习性一无所知。216 地震队第一任队长带领几十名“旱鸭子”，按照华北石油勘探指挥部要求，携带相对“原始”的勘探设备重装出发，经过长途跋涉，最终选择了在海河入海口的塘沽海水游泳池安营扎寨。这里设施简陋，几间用作更衣室的破旧房子成了他们的栖身之所，冬天进风，夏天漏雨。他们用水泥填平茅坑，铺板搭在茅坑两侧的隔墙上，大家一个挨一个地住下。夏天，周边是一望无际的芦苇荡，每天早晨和晚上，“花斑蚊”倾巢出动。酷热难耐的中午，“小咬”漫天飞舞。队长指着小腿上成堆的疙瘩开玩笑地说，“我这小腿蚊子再来叮都没处下嘴了呢。”到了深夜，野狼的嚎叫隐隐约约，墙边狐狸的蹄痕清晰可见。为了防止被野生动物伤害，队员们在院子里点燃篝火，轮流值班。这也成为当时方圆数十里、漫漫黑夜中唯一的亮光。大家开玩笑地说“这就是传说中的与狼共舞吧”。

>>> 20 世纪 60 年代第一批海洋勘探队员作业场景（引自《大港物探志》）

就是在那样艰苦卓绝的恶劣环境下，开始了我国海洋勘探的征程。

那时我国没有专门用于海上石油勘探的船舶，更别提海上勘探装备和技术了。队员们对海上勘探的装备、技术和流程一无所知，只能一点一点摸索。尤其是很多人都不会游泳，一看到大海就头晕。但是，使命在肩，队员们相信没有克服不了的困难。于是队员们由几个小木船载着，在近海漂浮，慢慢去克服对大海的恐惧，大部分队员在海上晃悠一会儿就吐得不行。有几个队员晕吐症状始终不见好转，甚至出现了脱水症状。经过为期一个多月的适应性训练，大家才慢慢好转。于是，一场轰轰烈烈的海上第一次勘探就这样拉开了帷幕。

海上勘探最重要的是要解决勘探船舶的问题。216 队队员们看着塘沽港忙碌的渔船突发奇想，难道不可以用渔船来改造吗？毕竟谁都没有海上勘探的经验，摸着石头过河未尝不可。于是在地方政府的协调下，他们成功租到了百吨位的木壳机动船冀海 103 和三条小木制机帆船。破除了最大的交通运输障碍，剩下的工作也就顺理成章了。在技术人员的指挥下，队员们把陆地用的物探设备装到船上反复安装、调试。依靠当地渔民的帮助，经过不断在近海测试，仅两个月的时间，这群“旱鸭子”就战胜了晕船的不适，克服了风压和水流的影响，摸索出浅海地震测量、定位、放线、插检波器、钻孔、放炮、仪器接收和资料解释等方法，成功实施 6000 米试验测线，完成了中国海洋石油勘探的“第一条测线”，为中国海洋勘探积累了一定的经验。

1967 年，渤海湾第一口海上探井喷出工业油气流，井深 2441 米，试油日产油 35.2 吨，实现了中国海洋油气田“零”的突破。国务院为此专门发来贺电，盛赞海洋石油职工“创造了我国海上打探井的先例”。自此，一代代海洋石油人将执着与梦想融入海洋勘探事业，迈上了踏浪寻油的伟大征程。

情破技术封锁

2005年，中国石油天然气集团公司在中国南海登记了18.2万平方千米的矿权，提出“开发蓝色国土”的口号，从此几代人的“海洋梦”融入到了“开发蓝色国土”的号角声中。为了响应号召，东方物探公司从新西兰购买了一条拖网渔船，在新加坡改造成6缆拖缆船，取名“先锋号”。先锋，为开拓道路而生，而此时的全球海洋勘探市场已经被西方垄断了近半个世纪。

2007年5月，在西非几内亚湾的霏霏细雨中，先锋号船队在湛蓝的海面上鸣响首炮。这是中国首个国际深海勘探项目，吸引了国际同行的广泛关注，因为他们不相信中国人也能在国际深海勘探市场存活。在他们眼里，中国海上石油勘探还是奋战在滩涂和潮间带，还在依靠“人抬肩扛”。他们不相信我国的石油人能凭着一股“路由自己找”“敢为天下先”的拼

>>> 先锋号船作业场景（梁洪来摄）

劲和闯劲，在风高浪急的全球市场求生存、图发展，这就得讲讲里面的故事了。

随着全球经济的快速发展，陆地空间和资源受限，海洋油气资源潜力大、探明率较低的特征逐步显现，加快海洋资源开发迅速成为21世纪世界各国发展的重要战略方向。深海勘探更是资金密集型、技术密集型、人才密集型业务，俗话说：十年陆军，百年海军。西方国家的物探公司也有一句口头禅：上天与下海是同样的挑战。因为早期深海勘探诞生于欧美，无论是海上高精度卫星导航技术，还是海上激发及信号接收装备都是军民两用技术。几十年来，这些技术一直被欧美国家的物探公司控制和垄断，被限制出售给中国、俄罗斯等国家。按照西方国家技术禁运的相关法律要求，卖给中国的深海勘探装备中，都加装了深度限制器，当沉放水深超过一定限定值就停止工作。这样一来，很多高端项目，中国的勘探公司都没有竞标资格，也严重限制了我国的深海油气勘探工作。

政治的不信任，技术的封锁，成为中方引进吸收西方海洋勘探设备、技术的鸿沟，是西方套在中方脖子上的绳索。怎么解除这条绳索？这绳索锁得住装备技术，却锁不人，锁不住我们的大脑！“师夷长技”，破除桎梏就从打造“中西”团队开始。

由于初入深海，对深海勘探施工流程陌生。再加上项目执行严格的行业标准、全新的管理理念，这给初入国际市场的中国海洋勘探企业带来了极大的挑战。先锋号船队从西方公司外聘的队经理、班组长等外籍骨干人员众多，70%的员工都是外籍雇员，把不同国籍、不同文化的作业团队凝聚在一起，谈何容易？在某些关键岗位，傲慢的外方人员总是对中方人员表现出不信任，甚至在某些操作区域不愿意让中方人员涉足。加之中外方员工的文化背景不同，其思维方式、作业理念有一定差异，这给团队融合带来了极大挑战。

>>> 先锋号船队中外方员工一起过春节（朱建峰摄）

秉承“扬长避短、求同存异”的核心思路，时任先锋号船队的中方队长罗军超，把突破口选在操作岗位，如何让中方员工尽快参与操作成为加快中外员工融合的关键。中方操作人员内心也憋着一股劲，积极强化业务学习，夜以继日、废寝忘食，对照满是英文的说明书，一点一点摸索。日复一日，中方操作员的出色表现，征服了外籍组长，许多外籍员工对中国员工也有了新的认识。

为了更好地促进团队融合，中外员工联合举办了丰富多彩的活动，一起过圣诞节、春节，教外籍员工包饺子、包粽子，打乒乓球、下围棋……中外员工在各种活动中增进了友谊，中方员工逐渐学到了管理国际化船队的职业理念和管理经验，外籍员工也被中方员工认真、刻苦的特有魅力折服。日复一日，彼此之间诸多壁垒迎刃而解，船队的作业能力大幅 提升。

阿・安・普罗克特（Proctor）说过：“心存梦想，幸福就会降临你；而梦想一旦被付诸行动，就会变得神圣。”短短几年间，在中西文化的碰撞与融合中，在中外方员工的学习与互鉴中，一支走向成熟、迈向国际化的船队在深海大洋中占据了一席之地。

“OBN”扬威海上

中国海洋石油勘探历史进程历经五十余年的风浪淬炼，目前已经进入了一个蓬勃发展期，但是在很长一段时间里，成熟的海洋勘探装备和技术主要掌握在欧美石油公司手里。他们对自己拥有的装备和技术通常采取只租不卖或少量出售落后型号等措施，使我们在海洋石油勘探的历史长河中一直处于非常被动的局面。

大家小时候可能都玩过或见过一种游戏，就是用绳子拉着一个带着轮子的小动物玩具到处跑。传统的海洋勘探就像这种游戏一样，只不过是船舶拖着浮在水中的设备进行工作，而拖着的设备是一条或多条接收信号的电缆和用来制造人工地震波的设备。但是拖缆勘探形成的“海底图片”分辨率不是特别高，目前行业内最先进的海洋地震勘探技术——海底节点地震勘探技术（简称 OBN），它摆脱了有线电缆的束缚，依靠一个个放到海底独立运行的“盒子”（海底节点）来记录信号。

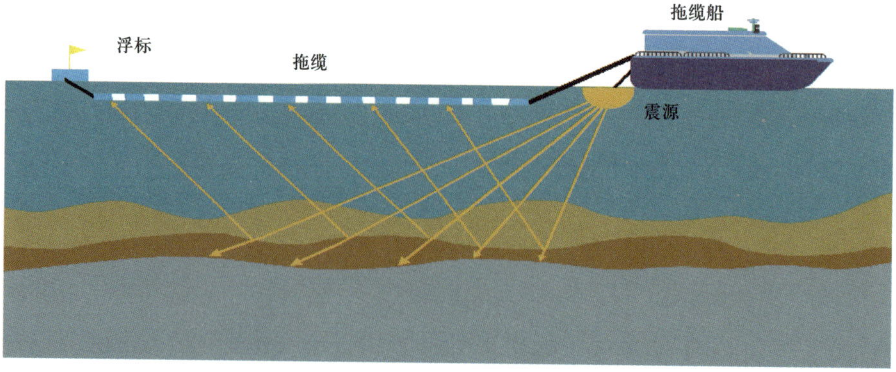

>>> 拖缆船作业模式图示

关键技术是要不来、买不来、讨不来的。原中国石油集团东方物探公司执行董事苟量在参加EAGE年会的时候敏锐地洞察到先机。他认为OBN技术是“地球物理学家梦寐以求的，理论与现实差距最小的技术实现”。在其他国家还没真正重视OBN技术时，我们国家就开始了OBN配套装备和技术的研发，尤其是在研发OBN节点仪器的道路上，我国海洋物探人没有单纯地囿于自主创新，而是确定了一条一边自主创新、一边技术联合研发的基本思路，力争实现迅速缩短与世界先进水平差距的目的。2021年5月，经过3年的刻苦攻关，与法国的Sercel公司联合研发的GPR节点正式投入规模化生产，具有全球领先水平的海底节点仪器生产线成功落户中国。

(a) GRP300　　(b) GRP1500

>>> 联合研发的GPR节点

中国海洋节点勘探的实际“操刀者和执行人”刘海波说：“GPR节点的正式投产，彻底结束了OBN节点产品长期被西方公司垄断的历史。我们在OBN节点装备上不再受制于人，中国海洋物探业务从海底数据采集、数字资料处理解释到装备制造，全产业链的闭合也终于迈出了关键一步。”

在联合研发成功的同时，中国海洋物探人对OBN节点设备的独立研发却从未停止。早在2016年，他们就开始了对OBN节点关键技术的自主研发探索。东方物探公司高级技术专家、能源化学地质工会“大国工匠”任文静作为一个战斗在研发一线的巾帼英雄，承担了这项装备的研发工作。她和研发团队乘坐的试验船被翻滚的海浪抛上抛下，晕船的滋味让她生不如死。她将头钻进纸箱子里，看不见海水还能好受些。她无力地趴在甲板上，浑身泥水，而大脑却还在高速运转，集中精力思考解决技术难题的方案。一次次的产品改进完善，一次次的奔赴易水湖、琼州海峡等施工现场，反复进行野外性能测试。最终 oSeis 节点各个核心硬件、软件技术完全实现了自主可控，性能指标也达到了国际同类产品的同等水平。

研发成功的 oSeis 节点仪器分别在黄海、南海、东海等国内 OBN 探区进行了海试。从试验数据来看，oSeis 节点具备高适应性特点，经过与国外类似仪器进行全方位的试验对比后，其技术指标和功能已经基本达到 OBN 节点使用的要求，总体性能与国际同类节点基本相当。目前，我国已经具备完整的 oSeis 节点产业链和生产能力，产业化技术条件也已经完全成熟。

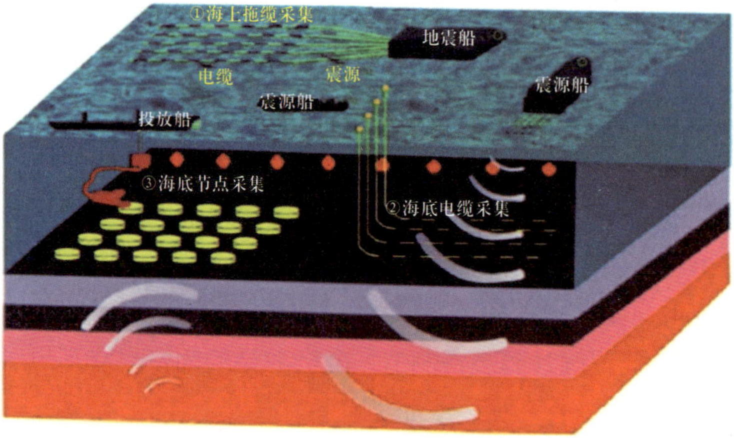

>>> 海上地震方式采集示意图

中国的海洋勘探节点仪器研发制造实现了弯道超车，迅速占领了全球海洋勘探的高端领域。

海洋地震勘探的“眼睛”——Dolphin 软件

海豚（Dolphin）是一种神奇的海洋生物。它们拥有独特的感知系统，可以在水中发出高频声波，并通过声呐接收回声来探测和理解水下的世界。凭借这一独特“导航”能力，海豚成为最聪明、最敏锐的海洋哺乳动物之一。

在海洋地震勘探的过程中，导航系统被比作海洋地震勘探的“眼睛”“声纳”和“大脑”，对勘探施工有着至关重要的作用。当前，最流行的海洋勘探导航软件包括西方公司的 Gator、SeaProNav、Qinsy 等系统，以及中国物探自主研发的 Dolphin 系统。

长期以来，西方公司依靠在导航软件方面的技术优势，几乎垄断了所有大型勘探项目导航系统的市场，国外油公司在相当长一段时间只认可西方的导航软件，导致中国的海洋勘探企业不得不使用并支付巨大的额外成本，售后服务也跟不上需求，并且在中国海域作业时存在泄密风险，这成了深埋在中国海洋从业人员心中挥之不去的痛。

为了彻底破局，解决“卡脖子”问题，我国物探研发人员经过数十年如一日的不断深耕，终于研发出 Dolphin 综合导航系统，并通过持续改进、反复测试和验证，使之成为一款具有自主产权的海洋石油勘探利器。

Dolphin 综合导航系统具备模块化特点，可以随着技术发展增加各项新的功能，具有极强的可扩展性，同时也易于操作。当某个项目的具体配

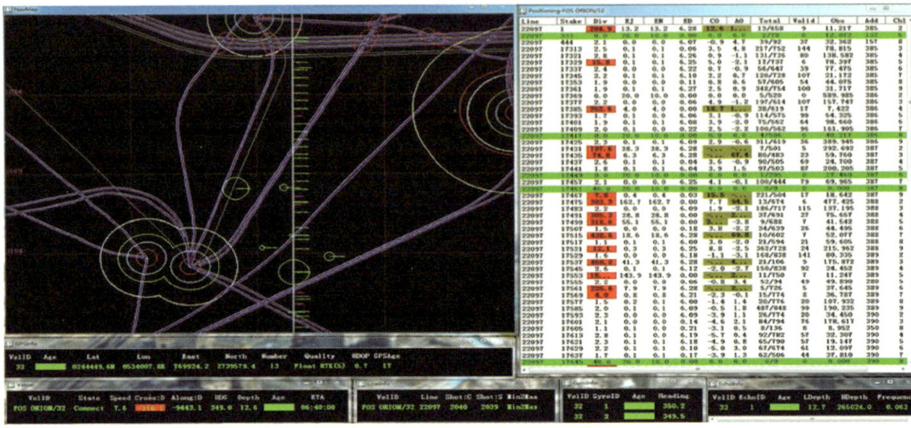

>>> Dolphin 导航系统界面

置需要应用于其他项目时，只需将相应文件迁移出去即可，无须重新配置系统。其强大的基础功能和稳定性能，获得了国际各大石油公司的认可和青睐。

2018 年，在国家主席习近平拜访完阿联酋之后，我国物探队伍成功中标当时世界上最大的 OBN 和 TZ（过渡带）项目——阿联酋 ADNOC 项目。而海上扎库姆油田区的施工却成为项目最难的“考点”。这里有海上平台、人工岛屿及各种障碍物 500 多个，海底石油管线密布，海面船舶来往频繁，施工难度极高。而且该油田是阿布扎比的主要经济来源，安全上容不得半点闪失，如果触碰到海底管线发生漏油事件，或者冲撞海上平台，都可能导致项目直接被取消，甚至面临巨额赔偿，对国家和企业形象造成严重影响。

“这样的作业环境难度很大，你们的导航系统能有几分胜算？”甲方监督亨德森对于我国自主研发的国产软件总是持有怀疑态度，有时他自己也意识到这个情况，笑称自己是个“老古董”，不过态度仍未改变。

能否安全进入油田施工，综合导航成了整个项目的“最强大脑”，更是关键中的关键。因此，项目组提前踏勘，严格确定施工要求及程序，以确保生产安全运作。在踏勘的日子里，作业人员顶着高温落实每一处障碍的坐标，并第一时间安排导航技术人员在 Dolphin 系统中导入勘探信息，通过制定符合施工实际的安全距离，硬是在“夹缝”中找到了施工作业路线。

“开始作业！”在 Dolphin 系统的精准运作下，只见 19 艘勘探船舶开始有序穿梭在油田平台之间，所有船只通过障碍物的时间和距离都严格遵照计划分毫不差，航行中的船舶交会避让井然有序，驾驶台的员工也不禁唱起了轻松愉快的家乡小调。

在顺利完成扎库姆油田区的作业任务后，亨德森先生说道：“中国导航软件是好样的，100 天，超过 1 万次近距离平台作业，安全高效的项目运作证明 Dolphin 综合导航系统真行。”

>>> 阿联酋项目作业场景（李锐摄）

>>> 阿联酋项目作业模拟图

Dolphin 系统的成功研发与应用打破了国外同类产品在海上高端勘探市场长达 20 多年的技术垄断，确立了 100 多项认证内容及相应的认证方法，成功通过了全球地震勘探行业最具影响力的产品认证公司——Verif-i 公司的资格认证，在中国“北斗应用大会”暨“中国卫星导航与位置服务”第九届年会上，东方物探公司的“海洋地质勘探导航定位关键技术与国产装备研发”项目获得卫星导航定位科技进步一等奖。中国石油人依靠“洋导航”的时代宣告结束，也代表了中国海洋勘探走进世界舞台中央。

里海不是海

2018年9月25日是对中国海外石油市场拓展具有重要的划时代意义的日子。中国与阿塞拜疆国家石油公司正式签订了合资公司框架协议，标志着西方石油公司完全控制里海市场的时代成为过去，中国海洋勘探的市场版图再次扩大。合资公司为何对中国海洋勘探市场如此重要？那就要讲讲里海的特殊地理位置了。

里海沿岸五国包括阿塞拜疆、俄罗斯、哈萨克斯坦、土库曼斯坦和伊朗。阿塞拜疆没有单独的石油工业管理部门，其国家石油公司SOCAR代行石油工业部职能。20世纪初，西方石油公司与SOCAR成立了一个合资公司CG，并将唯一一条勘探船带进里海。利用SOCAR的政治优势、里海的地理优势和自身的技术优势，CG长期控制里海市场，获取了高额利润。

里海是世界上最大的内陆海，没有天然出海口，均是人造出海口，中

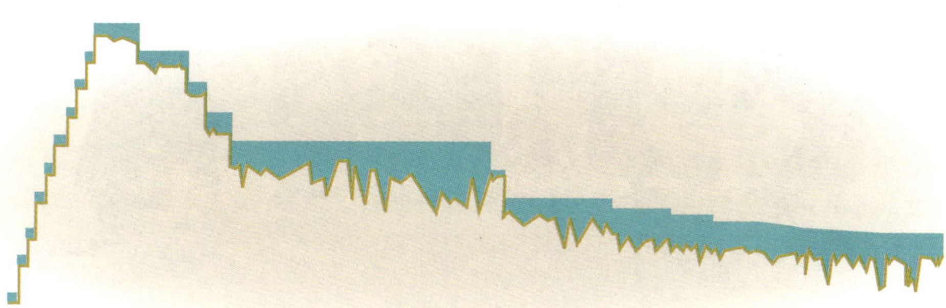

>>> 船舶进入里海“翻山”示意图

小型船舶通过船闸被提升、拖运等方式“翻山”二十余次才能进入里海，需要耗费一个半月时间和大量的财力物力，地震船属于中大型船舶，很难进入。即使跨山越海进去后也要进船厂修复、重新验船取得新证书、更换成阿塞拜疆国旗，而且还要更换船舶管理公司，并没有控制市场的能力，一般的公司不敢为一个项目进入里海。由于沿岸水深的限制，里海水上勘探开发较晚，油气储量极其丰富，但很多水域仍是勘探空白区。

2018 年 1 月 9 日，由于国际拖缆市场持续萎靡，西方石油公司宣布退出采集业务，CG 解散，同时将里海内唯一一条地震勘探船卖给了 SOCAR，并且拆除了其全部勘探设备，该船变成了一条空船。同年阿塞拜疆完成国家选举，按照新总统要求，SOCAR 管理层将能源战略由“向西看”调整为“向东看”。

为了里海地区的稳定，防止西方国家的介入，以俄罗斯为首的里海五国，于 2018 年 8 月 12 日签署了“五国协议”，定义了“里海既不是海，

>>> 合资公司成立签字仪式（郑禹摄）

也不是湖，而是一片特殊水体”。这一协议化解了五国纷争，为里海油气资源开发合作奠定了法律基础，政治形势更加稳定。

这就给了其他国家石油公司进入里海的先决条件，中国抓住了这次机会。中国代表团聘请 CG 第一任总裁作为引路人，到达阿塞拜疆开始洽谈合作事宜，得到了 SOCAR 高度重视。经过为期一周的“斗智斗勇”，最终签署了成立合资公司的框架协议，并设置了“排他性条款”和“避免竞争条款”：只要中国能够提供的技术和服务，合资公司必须使用中国的服务，不能从第三方选择；在阿塞拜疆之外的国家竞标时，如有中国参与，合资公司不能去参与竞争。

2018 年 9 月 25 日，合资公司正式挂牌成立，命名为 Caspian Geo 公司。中国彻底包揽里海五国的里海勘探市场，囊括里海水上全部物探项目。2023 年，该公司中标了国际能源公司 BP 的五年海洋节点勘探项目，累计合同额 5.5 亿美元，成为中国石油行业参与“一带一路”建设的又一经典案例，也是中国海洋勘探从业者远征海外市场的一个缩影。在这些先行者们的不懈努力下，如今中国海洋勘探的足迹已遍布世界 70 多个国家，为全球 80 多家石油公司提供技术服务，在海外塑造了中国海洋物探的世界品牌。截至 2023 年，整体 OBN 市场份额连续五年保持全球第一，综合实力跃居行业首位。

海上特种物探船

2022年11月25日，全球首艘浅水大型OBN特种物探船——“BGP INNOVATOR”下水投产仪式在阿联酋阿布扎比港口举行，现场有国际石油公司高层、船级社负责人、当地警察局和港务局等政府部门官员共计五十余人参加。他们对这艘来自“中国制造”的全球最先进的浅水特种作业船充满了好奇和赞美。央视新闻台进行了专题报道。这条船的投入运营为什么能引起如此大的轰动？那就要从这条船在行业内的特殊地位说起了。

与整个中国海洋石油工业的发展历程一样，我国海洋勘探业务船舶

>>> 浅海地震作业母船“滨海504”船（引自《中海油物探志》）

的发展走过了一条引进、吸收、自主建造的艰辛路程。1974 年 1 月，中国从法国地球物理公司（CGG）引进第一条数字地震勘探船（原名“伊莎贝拉号”），到达广州港后经过改造，在天津塘沽入籍，正式命名为“滨海 504”，5 月 10 日在珠江口外和西沙群岛一带首次出海作业，共完成地震测线约 800 千米，正式开启了中国海上石油拖缆勘探的历史。1985 年，“滨海 511”勘探船承揽了所有在中国大陆架作业的外国石油公司的物探作业任务，并结束了中国海洋地震不能开展三维海上采集的历史。

知识链接

我国最早将找油目光投向海洋的人

1954 年 3 月，我国著名地质学家李四光先生在燃料工业部石油管理总局作了一篇题为《从大地构造看我国的石油资源勘探远景》的报告，将渤海湾列入了中国石油勘探范围。这是我国最早将找油的目光投向海洋的地质科学家，掀开了中国石油工业发展史上划时代的一页。

后来，中国海上石油勘探的船舶如雨后春笋般陆续下水投入运营。这里面有我国自主建造的，也有购买国外公司船舶改造的，可以说中国的海洋勘探在相当长一段时间以来已经完全不需要依靠国外专业勘探公司。然而伴随着更高勘探精度的海洋节点勘探业务的蓬勃发展和国际石油公司严苛的安全、环保要求，中国海洋勘探领域的专家们并没有故步自封，而是针对全球海洋物探作业中大型作业船舶无法进入过渡带地区及浅水区域的盲点，以及世界范围内没有专业、高效的大型物探船舶能够满足国际石油公司高标准高要求，他们敏锐洞察先机，在 2019 年初，就开始了基础概念设计，准备着手打造一艘全球独一无二的大型特种作业船舶。

2022 年，全球首艘浅水大型 OBN 特种物探船——“BGP INNOVATOR”成功下水海试。它同时具备综合导航、震源激发、节点收放、数据采集和质量控制等一体化作业能力，最浅作业水深可达 2.5 米。另外，船舶“浅吃水”的设计能够满足多种作业需求，适用于全球不同浅水海域勘探。该项创新成功填补了全球同类海域勘探装备的空白，为浅水过渡带勘探困境提供了高标准的解决方案，也标志着我国海洋油气勘探装备研发、制造业务实现了历史性跨越。在 BGP INNOVATOR 下水时，全程参与了船舶

>>> “BGP INNOVATOR”（兰春龙摄）

施工建造的专家们激动地说：“船在设计建造的时候，我们不仅将它作为一艘生产作业船，也是要建造一个‘流动的家’。”该船投入运营后，先后执行了阿联酋全球最大过渡带项目和五年期的卡塔尔高端节点勘探项目，实现了中国海洋勘探由全球领域的“跟跑者”“并跑者”，逐步向“领跑者”的迈进。

海洋石油981

海洋巨人“981”

哪吒闹海的故事，在中国民间广为流传。哪吒之所以敢闹龙宫，为民除害，乃至赶走夜叉，杀死龙子，气得老龙王到玉皇大帝那里去告状，除了他身怀绝技外，还有神器在身：风火轮、乾坤圈、混天绫、火尖枪……

中国海油为了我国的能源保障，在倒海翻江的斗争中，也有自己的镇海神器，“海洋石油 981”就是一个典型的代表，在我国走向深海勘探的征途中，发挥了不可磨灭的作用。

梦圆人民大会堂

2015年1月9日10时，人民大会堂庄严肃穆、座无虚席，国内科技最高级别荣誉的国家科学技术奖励大会在这里隆重举行。

作为我国科技殿堂的最高荣誉，国家科技进步奖特等奖评选条件极其苛刻，只有取得了特别重大的经济效益或社会效益，对推动本领域的科技发展具有重大意义，对经济建设、社会发展和国家安全具有重大战略意义的，才可能获得此资格，此前只有东风31导弹武器系统、绕月探测等少数“翘楚”获此殊荣。

尽管如此，在无数申报的科技项目中，“海洋石油981”依旧出众，散发出夺目的光芒。以郑哲敏院士为主任的专家鉴定委员会对它进行全方位的“体检”后，给予了高度评价：该项目的成果整体达到国际先进水平，其中针对中国南海极端海况下的超深水半潜式钻井平台的部分设计技术，以及深水隔水导管的安全控制技术和本质安全型防喷器技术，都达到了世界先进水平。

最终，由中国海油牵头，联合多家单位共同完成的“超深水半潜式钻井平台研发与应用项目”当之无愧地获得了国家科技进步奖特等奖。会场上，时任中国海油副总工程师曾恒一心潮澎湃。他代表整个研究、设计、建造团队走上主席台，领取了沉甸甸的证书。时至今日，每当曾恒一院士回想起那个瞬间，他都觉得无比振奋。

国家科学技术进步奖

证 书

为表彰国家科学技术进步奖获得者，特颁发此证书。

项目名称：超深水半潜式钻井平台研发与应用

奖励等级：特等

获 奖 者：中海石油（中国）有限公司

2014年12月12日

证书号：2014-J-210-0-01-D01

>>> “超深水半潜式钻井平台研发与应用”获得国家科学技术进步奖特等奖

荣誉证书

授予3000米水深半潜式钻井平台关键技术研发团队：

“十一五”国家科技计划执行优秀团队奖

参加单位：中海石油研究中心 中国船舶工业集团公司第七〇八研究所 上海交通大学 中国科学院力学研究所 大连理工大学 上海外高桥造船有限公司 大连船舶重工集团有限公司

中华人民共和国科学技术部

二〇一一年二月

>>> “海洋石油 981”项目研究团队获得了科技部“十一五”国家科技计划执行优秀团队奖

历经 8 年的日夜奋战，海洋石油人将“海洋石油 981”终于磨砺成一柄深海利剑，成为我国“流动国土”深海领域的“定海神针”，书写了一段我国深水装备发展的辉煌历史，也是海洋石油人向党和国家交出的完美答卷。

“863 计划”与“五型六船”战略

深海油气是全球油气勘探开发的重要接替区。据统计，全球超过 70% 的油气资源都藏在海底，而深水区潜在石油储量高达 1000 亿桶。开发深海，向深向远一直是海洋石油人的梦想，也是世界上超一流跨国石油公司的必争之地，没有哪个公司能够拒绝深海油气的“诱惑”。当年欧洲的“海神计划”和美国的“海王星计划”，让欧美在深海装备、高技术领域出尽风头、占据鳌头。

相比之下，1983 年，经过艰苦的研发，我国成功自主开发出“勘探三号”半潜式钻井平台，具备水深 300 米以浅油气田的勘探、开发和生产能力，攻克了浅水勘探开发的瓶颈。但是，此后 20 多年，深水勘探开发装备却仍然是我们的“软肋”，要想进军深海只能依靠“洋装备”。

十几年后，原国家能源局局长张国宝曾感慨，2006 年前，中国还没有一座自己设计、适合南海作业的深水钻井平台，南海开发仅限于不超过 300 米的深水区域。就装备能力而言，国内钻井装备还停留于“2 代半”时代，我国深水油气勘探开发领域完全是“三零”状态——零基础、零经验、零装备，而国际上已经能建造作业水深 3000 米的第 6 代深水钻井平台。

面对这一局面，中国海油副总工程师曾恒一十分焦虑。2003 年，他主动给中国海油高层写了一封长信。在信中，曾恒一着重分析了深水装备的必要性和迫切性，并建议尽快成立深水工程重点实验室，对深水技术尽早进行攻关。这也让中国海油决策者们心有戚戚焉。之前一直受制于深水工程装备，中国海油一直围绕着珠江口盆地、莺歌海等300米水深海域“打转”。

同年，中国海油决定与上海交通大学合作组建深水重点实验室，并确立了8个方向、12项核心关键技术的研究重点，其中包括深水钻完井技术、深水平台技术等，中国海油走向深海战略有了雏形，也点燃了我国深水装备研制的火种。

不过，从设想到现实的道路并不平坦，有一些人提出质疑，既然已经捧着渤海这个“聚宝盆”，为何要如此早就开始谋划深水战略，风险实在太高，并且如果国际油价突然走低，深水勘探开发肯定困难重重，到时候装备闲置、资金浪费，损失将难以估量，谁承担这个责任？

同时，围绕深水工程装备主要有两种思路：一种是独立建造，另一种是购买或者租赁。相比于前者，后者明显更具有吸引力。一些人认为，由于深水装备耗资巨大且技术难度高，与其费劲自己造装备，为何不购买或者租赁国外大型深海钻井设备，这样既便捷又省事。

事实上，按照国际惯例，仅建造一艘3000米水深级别的深水钻井船，就需要耗费60亿元人民币，而与此配套的深水装备还需要60亿元人民币。在当年，整个工程项目预计将要耗费120亿元，无异于天文数字。要知道，人们经常拿来对比的探月工程“嫦娥一号”，总投资才14亿元左右。也难怪有人持怀疑态度，造深水钻井船是纯粹“烧钱”，还不确定能不能“烧”得出来！

但是经过激烈的争辩和详细的论证，中国海油决策层最终决定支持这一项目。他们意识到，走向深水是未来的必然选择，而建造深水钻井船的使命，需要海洋石油人挺身而出，此时不下定决心、破釜沉舟，这个难题只会留给后人来解决，如果不能拥有自己设计建造的深水装备，终究改变不了受制于人、被“卡脖子”的局面。后来的事实也证明这一判断的正确性。

2004 年，中国海油先拿出部分启动资金，用于了解国外深水装备的发展情况，探索适合自己的深水工程装备之路。之后，推出了我国自己的“海神计划”和“海王星计划”——“863 计划”中的南海深水油气勘探开发关键技术及装备项目，并于 2006 年启动了“3000 米水深半潜式钻井平台关键技术研究”等 10 个课题，也就是后来鼎鼎大名的“海洋石油 981”等。

不过，一开始“863 计划”并没有涵盖海洋高技术领域。随着围绕海

>>> 锚泊固定后“981 钻井平台”的工作示意图

>>>"海洋石油 981"在茫茫大海上打井找油（李佑坤摄）

>>>"海洋石油 720"深水物探船（陈志玮摄）

>>> “海洋石油 682”船将水下中心管汇缓缓下放至海里（温世航、檀晓光摄）

洋的国际竞争日趋激烈，国家对海洋科技的重视程度不断提高，最终在 1990 年，在国家科委、中国科学院、国家海洋局和国家教委等部门的支持下，开始了我国海洋高技术发展战略的研究。1992 年，海洋高技术研究开发立项论证专家工作组成立，经过工作组不懈努力，最终在 1993 年向国务院提交了“关于我国海洋高技术研究开发的建议”。

之后，海洋技术正式成为“863 计划”的八大领域之一，并明确了 9 个专题，其中就包括深海工作站和深潜器技术。“九五”期间，中国海油承担了“863 计划”的 6 项重要课题，并在海洋高温超压地层钻井技术、海底大位移井钻井技术等方面取得重大突破，迅速达到国际领先水平。

“十一五”期间，国防科工委、国家科技部对“863 计划”再次投入经费，以我国南海油田的实质性开发项目为工程依托，对深水油气资源开发装备的关键技术进行更深入地研究。经过详细的研究论证，最终立项了“南海深水油气勘探开发关键技术及装备”重大项目。

2006 年 7 月，建造我国首座深水特大型半潜式钻井平台的项目正式启动。这个重任落到了时任中国海油副总经理周守为身上。这个从生产一线成长起来的管理者，深知装备的重要性，也是自主建设路线的坚定支持者。67 岁的曾恒一也主动请缨、勇担重担，主持了该项目的前期研究与概念设计。

与此同时，一项更加宏伟的计划也列入中国海油的重要议事日程。经过前期的调研和讨论，中国海油决策者们一致认为，光有一座深水特大型半潜式钻井平台，远远满足不了深水勘探开发的需要，必须有一支成编制、成规模、能实战的“深水舰队”！要知道，油气勘探开发涉及一系列工艺流程，钻井是其中的一个门类，还涉及地球物理探勘、地质勘查、钻井作业、海底管道铺设及物质保障等多项工作。

最终，这项计划被命名为“五型六船”计划，主要包含一个半潜式深水钻井平台（“海洋石油 981”）、一艘深水起重铺管船（“海洋石油 201”）、一艘深水地质勘查船（“海洋石油 708”）、一艘具有 12 缆的深水物探船（“海洋石油 720”）和两艘深水大马力三用工作船（“海洋石油 681”和“海洋石油 682”）。它们共同组成了我国深海勘探开发的“联合舰队”。“海洋石油 981”是其中当之无愧的旗舰。

举国体制的“国家队”

虽然下定了自主设计建造深水特大型半潜式钻井平台的决心，但是中国海油决策者们心中清楚，光靠单打独斗难以完成如此庞大的工程，这也不符合中国海油坚持对外合作和自营开发“两条腿走路”的方针。一直以来，因改革开放而生、因改革开放而兴的中国海油，深知合作的重要性，正是依靠着合作共赢让其在短短40余年跻身“世界500强”，走完了西方海洋石油工业上百年走过的路，实现了我国海洋石油工业的跨越式发展。

事实上，虽然曾恒一带着深水工程重点实验室团队参与过很多深水项目，但是对于世界上最先进的深水钻井平台，缺乏相关建造经验，甚至连其“庐山真面目”都没怎么见过，突然从“2代半”直接跨到第6代，项目组深知，完全依靠自己设计研发制造将是极难完成的任务。为此，项目组只得先前往美国、挪威、新加坡学习取经，并选择潜在的“合作伙伴”。

不过即使参观学习也并非易事，国外厂商对装备性能和工作业绩“大讲特讲”，但对技术指标和核心设备却“小心翼翼”。有些厂商当意识到深水工程技术实验室团队只想“学习”时，就更改参观路线，并严格规定观摩时间。即使在这样的情况下，深水工程重点实验室团队仍收集了28种半潜式钻井平台成熟船型，对比了4种最先进的深水半潜式钻井平台船型，并通过数字模拟分析和船模水池实验，优化出最适合南海风浪流的船型。

与此同时，经过深入调研和深思熟虑，深水钻井船的路线图在“掌舵人”周守为的脑中逐渐清晰，“将科研、设计、建造紧紧捆绑到一起，针对在我国南海深水海域钻井存在的技术难题展开科研攻关，用科研引领设计和建造，并将科技成果就地转化，走出一条科研与设计、建造齐头并进的快捷途径。”简单来说，就是由中国海油主导，以设计为龙头，以建造为关键，集智攻关，协同并进，快速实现深水钻井船技术的突破。

在这种理念的指引下，中国海油迅速集结了一批实力突出的“盟友”。2006 年 11 月，中国海油与世界海洋工程领域卓有声望的美国 F&G 公司签订半潜式钻井平台基本设计合同，双方共同拥有知识产权；2007 年 8 月，中国海油与挪威阿克克瓦纳 MH 公司签订了钻井设备包合同。

不过，合作伙伴中更多的还是国内厂家的身影。首先进入中国海油视线的是中国船舶集团有限公司（简称中国船舶）所属的 708 研究所。作

>>> “海洋石油 981”在海上作业

为我国舰船设计的“摇篮”，708 研究所的“履历”极其辉煌，自从 20 世纪 70 年代以来，先后成功研发了我国第一座自升式钻井平台“渤海一号”、第一座半潜式钻井平台“勘探三号”、第一座浮式生产储卸油船“渤海友谊号”，可以说是“海洋石油 981”设计的不二人选。

合适的建造厂家也是中国海油关心的重要事情。2006 年夏天，中国船舶所属的上海外高桥造船厂迎来了一批神秘客人。他们东看看、西望望，不时询问一些装备建造的专业问题，特别是对船坞很感兴趣，这群人就是“海洋石油 981”项目总经理林瑶生一行。

林瑶生也是主动请缨参加“海洋石油 981”项目的。在中国海油决策层决定建造“海洋石油 981”后不久，林瑶生就给时任中国海油总经理傅成玉发了一封长长的自荐邮件。这个广东汉子在海洋工程领域摸爬滚打几十年，曾是中外合作油田惠州油田中方项目经理。打破了中外合作油田由外方人员担任项目经理惯例的他，心中一直有一个深海梦。

最终，经过严格筛选和考察，林瑶生正式成为“海洋石油 981”项目

>>> “海洋石油 113” FPSO（李佑坤摄）

总经理。他带着团队马不停蹄寻找合适建造伙伴，上海外高桥造船厂便是他们考察计划中的重要一环。他们希望以自己为主导，带动国内制造业和产业链，全面掌握“海洋石油 981”的配套技术，从而让我国摆脱缺少深水钻井装备的“困窘局面”。

>>>彩霞照耀下的“明珠号”FPSO（李佑坤摄）

时任外高桥造船厂海洋工程部副部长的陈刚，至今仍记得听林瑶生介绍中国海油想建造第 6 代深水半潜式钻井平台的兴奋心情。从 2002 年开始，陈刚就一直在关注多功能半潜式钻井平台研制。他心里清楚，只要拿

下这个“大家伙”，上海外高桥造船厂将一举实现深水钻井装备的跨越式发展，具备与国际同行掰手腕的实力。

上海外高桥造船厂成立于20世纪末，地处长江之畔、东海之滨，是中国船舶的全资子公司。作为中国船舶旗下的“精锐部队”，上海外高桥造船厂始终坚持船舶与海洋工程“两条腿走路”的高端之路，其成立后第一个交付的项目就是海洋工程项目——海上浮式生产储卸油船，即通常所说的FPSO。

之后它“联手”中国海油成功打造了两个明星项目——15万吨的“海洋石油111”FPSO和16.2万吨的“海洋石油113”FPSO，后来更是一举拿下30万吨FPSO“海洋石油117”，使我国在FPSO的设计与建造领域进入世界先进行列。这段经历让彼此结下了深厚的“革命友谊”。

经过全方位考察和严格细致的招标，2007年10月18日，外高桥造船成功中标“海洋石油981”号平台建造项目，负责“海洋石油981”号总承包设计、采购、建造和完工调试任务。2007年10月，中国海油正式与上海外高桥造船厂签约，深海旗舰的梦正式启航。

此后，中国海油与708所、上海外高桥造船厂组织了国内百余家单位和5000人的研究、设计、建造、调试与运营一体化研发团队。这之中既包括西南石油大学、上海交通大学、中国科学院、大连理工大学、哈尔滨工程大学、江苏科技大学、重庆科技学院等重要科研院校，也包括中国船级社国内顶尖检验单位，还有江苏亚星锚链股份有限公司、山东悦龙橡塑科技有限公司、无锡市东舟船舶附件有限公司等众多民营企业，可以说是集聚了当时国内海洋工程领域的“联合部队”。

由于各方都没有深水钻井平台相关的成熟经验可供借鉴，上海外高桥造船厂专门为“海洋石油 981”设立了海洋工程部，将项目所涉及的各个部门集中起来，并把为美国康菲公司建造 30 万吨 FPSO 的核心团队全部植入该部，使海洋工程部成为中国船舶海洋工程项目中真正的“尖刀连”。

后来，“海洋石油 981”总设计师、708 所海洋工程部副主任沈志平不由感叹，“建成如此一个重大装备，靠一个人的作用是不够的，靠的是用户企业、研究单位、建造厂、高校的合力打造和众多科研人员的攻关”。众人拾柴火焰高，正是依靠着大家的共同努力，才一步一步打造出“海洋石油 981”，也让我国海洋石油工业蹚出了一条以企业为技术创新主体、联合国内外高水平的科研院所，协同发展海洋高新技术的创新之路。

在林瑶生眼中，“海洋石油 981”就是一颗带着希望的火种，点亮了国内高端海洋石油工业。之前中国没有搞过，一切从零开始，这么复杂的平台，通过对全球资源的筛选和配置，同时主导完成了从设计到建造的全过程。正是在这一过程中拥有主导权，所以大量中国企业受益，而这恰恰符合国家推动和促进国内深水装备制造产业发展的意图。”

巍巍“航母”创造国内外奇迹

2008年4月28日，上海外高桥造船厂一片忙碌、热火朝天的景象，工人们用数控等离子切割机切割了第一片材料，“海洋石油981”正式开工。作为我国首艘自主设计建造的第六代深水半潜式钻井平台，“海洋石油981”是一个十足的“海上巨无霸”，是一个“海上巨人”。

从外观看，“海洋石油981”长114米、宽78米、高117米，直冲云霄的井架足有46层楼高，其甲板面积就相当于一个标准的足球场大小，电缆总长度650千米，可绕北京四环路10圈，而整个平台重量超过了3.1

>>>在晚霞照耀下工作的“海洋石油981”（李佑坤摄）

万吨，堪称海洋工程装备的“航空母舰”。

整个钻井平台主要包括上部平台、中间立柱、下部浮体三个部分，通过锚链与海底连接。远远望去，四个立柱上面“顶着”上部平台，下面“踩着”两个船体，半潜于海面上，平台上满是机械手臂和钢铁设备，屹立于海面上犹如一个钢铁巨人一般。

相比于粗犷强壮的外表，其内在“肌肉”更是发达。“海洋石油 981”最大作业水深可达 3000 米，最大钻井深度达 10000 米，相当于在海底能钻穿整座珠穆朗玛峰。此外它还装备有 8 台 4.4 万千瓦柴油发电机，发电量差不多能够满足一个中等城市的需要。更值得一提的是，为了适应南海的海况以及作业的需求，“海洋石油 981”首次突破半潜式钻井平台可变载荷 9000 吨，为当时世界半潜式平台之最，这意味着它可以承载更多的钻井物资，大幅减少供应物资的运输次数，降低作业成本。

上海外高桥造船厂的工人早已对钻井设备不再陌生，但依然被“海洋石油 981”复杂的构造所震惊。它的系统集成工作量达到了散货船的 5 倍以上，在它身上布满超过 1 万个传感器，一般的散货船才五六百个传感器，而目前我们开的汽车也就 30 个传感器左右，整个操作系统基本实现电子化、集成化和网络化，如果平台任何部位出现问题，都可以在中央控制室像“玩游戏”一样进行远程控制。

面对如此复杂精密的装备，上海外高桥造船厂场地总是一片忙碌。在 2009 年建造高峰期，平均每天有 1200 名中外工作人员在现场施工，最高峰时一度出现“万人会战”的壮观场面。最终，整个项目建造过程使用了 600 万个工时，也就是 600 万人同时工作一小时的工作量。

为了适应南海的恶劣海况，项目组潜心研究，攻克了一个又一个难关，创造了最高锚链强度、最先进水下防喷器等 6 项世界首创和首次研发液压铰链式高压水密门装置、首次应用远海距离数字视频监控应急指挥系统 10 项国内首创。

其中，首次采用 200 年一遇的风浪参数加上南海内波作为设计条件，大大提高了平台抵御环境灾害的能力；首次采用 3000 米水深范围 DP3 动力定位、1500 米水深范围锚泊定位的组合定位系统，水深在 1500 米以内时可以采用全锚泊定位，水深超过 1500 米时采用全动力定位模式，大大节约燃油、优化节能模式；首次研发世界顶级超高强度 R5 级锚链，引领国际规范的制定，也为国内供货商在该领域成功走向世界提供了条件；首次在船体的关键部位系统地安装了传感器监测系统，为研究半潜式平台的运动性能、关键结构应力分布、锚泊张力范围等，建立了系统的海上科研平台；国内首次成功研发液压铰链式高压水密门装置，使国内水密门的结

>>> “海洋石油 981”半潜式钻井平台（邵旭东摄）

构设计和控制技术达到世界先进水平……

同时，“海洋石油981”还首次采用了全世界最先进的本质安全型水下防喷器系统，这意味着如果一旦遇到紧急情况下，平台就可以自动关闭井口，将有效避免类似“深水地平线”爆炸事故的发生。

提到“深水地平线”，估计很多人还不太清楚，但是如果提起墨西哥湾漏油事故，大家应该有所耳闻。2010年4月20日晚上，一声来自墨西哥湾的巨响震惊了全世界，BP公司的一口“马孔多”油井（MacondoWell）发生漏油事故，由于油气上涌导致“深水地平线”钻井平台发生爆炸，11名平台员工因此丧生。

这次爆炸事故之后被拍成了电影《深海浩劫》，其惨烈状况至今看来都让人不寒而栗。这次事故最终让BP付出了208亿美元代价，才最终与美国政府和解，而其次生灾害损失更是难以估量。时任美国总统奥巴马坦言，“此次漏油事故已成为美国历史上最严重的环境灾难”。

根据后来的调查，其中一个重要原因是防喷器失灵，作为保障安全的最后一道“闸口”，事故发生时，防喷器彻底“掉链子”了，以往通用的靠液控、电控信号关闭漏油油井的办法全部失效，让事故彻底失控。正是在这种背景下，周守为带着项目核心团队苦思冥想、绞尽脑汁，最终提出了前所未有的设想——构建“本质安全防喷器”，既然关键时刻电、液信号不起作用，何不绕开他们，只要失去全部信号就自动关闭防喷器。

通过项目组潜心钻研，这套防喷器系统在“海洋石油981”上成功应用，真正成为保障平台安全的“最佳守门员”。加拿大哈斯基公司在使用过后，对其赞不绝口，“平台的隔水管及海底防喷器安全控制系统集成设计理念在全世界是最先进的，而且功能强大，可保证深水作业的绝对安全”。美国船级社更是评价道，“海洋石油981”研发了世界上最优秀的

3000 米钻井隔水管与海底防喷器安全控制系统，是深水钻井安全技术的重要里程碑。

经过几百天的连续奋战，2010 年 2 月 26 日，整合了全球一流的设计理念、一流的技术和装备的“海洋石油 981”顺利出坞。2012 年 5 月 9 日 9 时，“海洋石油 981”的钻头在南海荔湾 6−1 区域约 1500 米水深的水下探入地层，首钻成功。这标志着我国海洋石油工业的“深水战略”迈出了实质性的一步，海洋石油人的“深海梦”终于成真！

此后，“海洋石油 981”在我国广袤的海域纵横驰骋，立下无数“战功”。2014 年初，“海洋石油 981”平台转战南海陵水区块作业，在这块被国外油气公司“放弃”的海域经过 15 天连续奋战，成功钻探、测试了我国第一个自营深水高产大气田——陵水 17−2 气田，也就是后来鼎鼎大名的“深海一号”大气田，证明了南海深水区油气产量的巨大潜力。

2015 年元旦，“海洋石油 981”从我国三亚出发，历经 37 天航行，一路穿过马六甲海峡，奔赴孟加拉湾目标海域作业，经过 58 天的日夜奋战，完钻井深超过 5030 米，作业时效高达 99.09%，一举创造了当时亚洲深水半潜式钻井平台作业井深新纪录。

2017 年 6 月，已经在海上“奋战”5 年的“海洋石油 981”首次完成 5 年期特检，各项“身体指标”都更加良好，也标志着中国海油具备从建造、运营到检修的一整套专业技术和完整运营管理能力。之后，“海洋石油 981”在“工作”上更加游刃有余，也更加勤勉。2024 年 1 月，海南海事局发布《关于“海洋石油 981”在“LS36−1−10 井”探井的通告》，4 月，广东海事局发布《“海洋石油 981”钻井平台 BY18−3−1 井钻井作业》，这个“大块头”不知疲倦地在海上耕耘着，力图创造出一个又一个佳绩。

“981”的孪生兄弟“982”

2022 年 10 月 20 日，我国南海传来好消息，中国海油在海南省东南部海域琼东南盆地获勘探重大突破，发现我国首个深水深层大气田宝岛

>>> “海洋石油 982”半潜式钻井平台

21–1，探明地质储量超500亿立方米，实现了松南—宝岛凹陷半个多世纪来的最大突破，让国人再次见证了南海深水油气勘探的广阔前景。

更令人惊喜的是，宝岛21–1气田最大作业水深超过1500米，完钻井深超过5000米，海洋地质条件极端复杂，这曾经是海洋石油人想都不敢想的难度，其中为宝岛21–1勘探成功立下汗马功劳的，就是当前世界最先进的第六代半潜式深水钻井平台之一的“海洋石油982”——“海洋石油981”的“孪生兄弟”。

从名字上看就知道，“海洋石油982”与“海洋石油981”有着不解的缘分。按照国内平台的命名规则，9代表钻井平台，8代表深水，2代表着中国海油在国内自主投资建造的第二艘第六代半潜式深水钻井平台，可以说“海洋石油982”就是“海洋石油981”的“二弟”。但是与“老大哥”不同的是，“海洋石油982”更显得很有个性。

作为中国海油旗下中海油田服务股份有限公司（简称中海油服）自主投资建造的第一座深水半潜式钻井平台，“海洋石油982”一开始就是对标着“老大哥”去的，不过细细比较两者，除了“颜值出众、能力突出”，还是存在着不少的差异。从基本参数上看，“海洋石油982”个子更小一些，甲板可变载荷也由9000吨减小到5000吨。可别小瞧这一变化，由于体积小，“海洋石油982”造价减少1/3，作业成本也相应更低。论体型，“海洋石油982”和中国海油另外一艘深水钻井平台“兴旺”号更加接近。

不过为啥不是“兴旺”2号，而是“海洋石油

982”？其中最大差异还是实力上。“海洋石油 981”最大作业水深 3000 米，最大钻井深度 10000 米。相比之下，“兴旺”号最大作业水深是 1500 米，最大钻井深度 7500 米。同时，“海洋石油 982”总装机容量较“兴旺”号等同类型平台增加 20% 以上，可携带绝大部分钻井工具和材料。可以说，“兴旺”号能干的，“海洋石油 982”能干，“兴旺”号不能干的，“海洋石油 982”还能干。

为了建好“海洋石油 982”，中海油服可谓煞费苦心，花费了巨大的心血，专门找来挪威敏捷集团（AgilityGroup）进行设计，并委托中船重工旗下大连船舶重工集团海洋工程有限公司建造。由于当时油价正值低谷，项目组对“海洋石油 982”进行“瘦身管理”，但是在能力要求上却更加苛刻。

为了应对南海恶劣的海况条件，并为未来 1500 米水深海域作业做好准备，中海油服与设计建造单位通力合作，为“海洋石油 982”配备了与“海洋石油 981”一样先进的深水水下防喷器装置，并配置强大的发电站，主发电机功率可满足约 15 万人口的城镇用电。这颗强大的“心脏”不仅动

>>> “海洋石油 982”正在进行测试作业（吴艳辉、刁欢摄）

>>>“海洋石油 982”钻井平台的月池区域（沈东方摄）

力十足，而且能比“海洋石油 981”节省 15%～45% 的电力，并采用最先进的 DP3 动力定位系统，最大可抗 16 级台风，即使在南海百年一遇的“狂风骤雨”面前也能泰然自若。

此外，“海洋石油 982”能够以海岛或岛屿群为依托，拼接成总长 2400～3200 米的主体平台，将码头、浮动船坞、停机坪及机场跑道等设施融为一体，可以完美匹配南海勘探开发需求。正是依靠绝对实力和超高经济性，让“海洋石油982”在“海洋石油981”面前毫不逊色。

“海洋石油982”在国产化率上更进一步，让国内海洋石油工业厂商分享到了我国深水勘探装备跨越式发展的“红利”。相比于“海洋石油981”在超高强度R5级锚链等方面的突破，“海洋石油982”在装备国产化率方面更加广泛，且带出了一批具有世界顶级水平的专精特新企业。

知识链接

我国第一个海上钻井平台

我国第一个海上钻井平台为“1号平台”，是1966年在渤海湾建成的固定式海洋石油钻井平台，成功钻探了我国海上第一口深探井“海1井”。此井在1967年收获了工业油流，标志着我国海洋石油工业的正式起步。

2024年6月，中国海油依靠“海洋石油982”探获全球首个超深水超浅层大气田陵水36-1，天然气探明地质储量超千亿立方米。

正是在这些大国重器的不断推动下，我国海洋石油工业勘探开发和生产能力实现了从300米到1500米超深水的历史性跨越，使我国海洋石油勘探开发能力全面进入“超深水时代”。

“深海一号”镇南疆

在海洋中开采油气和在陆地开采油气，有着大致相同的程序。但是，开采海洋油气和开采陆地油气相比，有着非同寻常的难度。在暗流涌动不止的海体和排山倒海似的狂啸巨浪中开采油气，简直难上加难。因此，业内有“登天难、下海入地更难”的说法。

在这种背景下，勇敢的中国海油人以大无畏的革命精神，与天斗，与困难斗，与惊涛骇浪斗，攻克了一道道难关，拿下了一个个海上油田，真可谓惊天地、泣鬼神。

“深海一号”大气田开采项目的实施，把海洋油气田开发推向了高潮。

Petroleum Stories

陵水 17-2 深水大气田“待字闺中”

2014 年 8 月 18 日，天气晴朗，南海的海面与以往并无二致，但是随着一道气势如虹的火龙从 30 米长的火炬臂中喷薄而出，整个海洋石油勘探人的激情与梦想在此刻被点燃了。

我国第一口自营深水探井——陵水 17-2-1 井钻探成功了！

这片海域有一个非常动听的名字——莺歌海。相传因曾经有成群的“莺歌鸟”在此栖息、繁衍、鸣叫，因此有了“莺歌”这么美妙的名称。这里曾以盐场著称。郭沫若先生到访莺歌海时，就为其壮美景观所陶醉，不禁赋诗一首：“盐田万顷莺歌海，四季常春极乐园。驱遣阳光充炭火，烧干海水变银山。”

了解我国海洋石油发展史的人应该都听过这个名字。1957 年，我国在莺歌海首次发现油气苗，就是这几朵油花激起了海洋石油人在海洋寻找油气的无限热情。1960 年，“英冲 1 井”在莺歌海正式开钻，并“捞得”原油 150 千克，成为我国钻井由陆到海的“第一个吻”。

国务院原副总理、石油工业部部长康世恩对莺歌海寄予无限希望。他曾立下誓言，“莺歌海搞不出油气来，死也不撒手”。1988 年 2 月，这位经历过大大小小无数石油会战的老领导奔赴湛江，在听完最后一项汇报后，沉吟片刻，用沉稳坚定的声音说道：“西部公司的奋斗目标，一是北部湾实现年产 100 万吨原油；二是在莺歌海建设南海‘万亿大气区’。”

这是海洋石油人第一次听到“万亿大气区”这个振聋发聩的目标。面对眼前这个“聚宝盆”，所有人都铆足了劲儿准备大干一场。不过，看似寻常最奇崛，成如容易却艰辛。莺歌海虽然名字好听，但“脾气”却不太好，甚至可以称得上是“暴脾气”。

南海西部地层素来以高温高压著称。这两个“拦路虎”，一直以来都是钻探人最“头疼”的问题，往往会让钻井团队“折戟沉沙”。自 1983 年发现了我国海上最大气田——崖城 13-1 气田后，此后十余年，这片区域的勘探迟迟打不开局面。即使是在英国北海、美国墨西哥湾纵横驰骋的国际石油巨头，面对莺歌海也是望洋兴叹。

从地震资料来看，莺歌海应该有油气存在，但是一口口井打下去却都无功而返，要不就是没有油气显示，要不就是由于卡钻而无法进行。2012 年，雪佛龙公司接连打了 2 口井，都以失败而告终。至此，各大石油公司给出结论：该区域油气运移不利，不具备商业开采价值！在这种情况下，有的石油公司宁愿赔付上千万美元违约金，也不愿继续打井。

>>>1996 年投产的崖城 13-1 气田是我国海上发现的第一个千亿立方米级气田（李彦昭摄）

在国外石油公司纷纷碰壁的情况下，我国一支海洋石油队伍却铆足了劲儿，必须钻出个“大家伙”。这支队伍领头人，便是时任湛江分公司钻井部作业经理李中。为了走向深水，李中深知必须有一个实力过硬“兄弟连”。他在各个海域来回奔走，选拔深水钻井的好苗子，最后有一批 20 多岁的小伙子，从四面八方来到湛江，并远赴刚果、摩洛哥等国内外深水项目组和钻井平台学习经验。

经过几年多的“修炼”，李中逐步感觉到时机快成熟了。他并没有因为国外石油公司败走莺歌海而气馁，相反在与国外石油公司交流过程中，发现国外公司往往在还没打到目的层时就因为卡钻等问题而放弃了，钻探的几类储层其实具有很大的潜力。他心中清楚，不是莺歌海不行，而是咱们认识和技术还不到位。

与此同时，从事勘探工作的同志们也是夜以继日，通过大量详实的数据论证莺琼盆地，认为其中很有可能藏着一个“大家伙”，只不过和童话故事一样往往财宝都有巨龙守护，必须克服高温高压等重重障碍才能识得庐山真面目。这更加坚定了李中和同事们的信心和决心。另外，一件“宝贝”的到来，更是让李中喜出望外，那就是已经名扬四海的“海洋石油981”出世。

2013 年，湛江分公司正式决定在莺琼盆地的陵水凹陷部署我国第一口自营深水探井——LS17-2-1 井，而那里正是此前各大国外石油公司失利的地方，同时这将是“海洋石油 981”进行的第一次自营深水测试作业，第一次投用自主设计的测试地面模块化设备，第一次使用深水水下测试树……李中和团队心中清楚此次钻井和测试，不仅仅是对他们实力的考验，更是关系着莺琼盆地未来至少十年的命运。他们别无选择，除了胜利还是胜利。

为此，整个团队反复研究地质资料，不断推演可能遇到的各种情况，哪怕一个微小的环节，大家都不肯放过，要知道此前外方作业者曾进行过5口井的作业，当时井涌、井漏等复杂情况频发，尽管想尽各种办法还是功败垂成。最终，仅湛江分公司就组织开展了11项钻井、5项测试技术攻关，并拿出了两部海洋石油自己的深水技术著作——《深水钻井规程和指南》和《深水测试规程和指南》。

转眼到了2014年1月10日，在海南东南方向约150千米的海面上，莺歌海一如既往的秀美壮阔，让人陶醉其间。“海洋石油981”稳稳屹立其上，正式向1500米深的海底钻去。经过长达7个多月的奋战，同年8月18日，LS17-2-1井一钻成名，测试日产天然气5650万立方英尺，相当于9400桶油当量，创造了我国海上自营气井单层测试日产量最高纪录，终于掀开了这个“深海宝藏”的面纱。

陵水17-2的成功发现，犹如“芝麻开门”一般，打开了一扇通往“南海万亿大气区”的大门。经此一役，中国海油不仅一举“通关”了全套深水钻井技术、全套深水测试技术和全套深水作业管理要素，还以琼东南中央峡谷为轴，接连发现了陵水25-1、陵水18-1等一连串深水气田，康世恩老部长的梦想正一步步走向现实。

“异想天开”的惊人构想

随着陵水 17-2 大气田的发现，如何开发好这个深海宝藏，成为海洋石油人亟待解决的难题。此前，我国并没有独立设计开发深水气田的先例，即使在我国首个深水大气田——荔湾 3-1 气田，也是采用的“双作业者”模式，即中方负责浅水部分设计建造平台及其附属设施，外方负责深水部分。

更令海洋石油人猝不及防的是，正当大家还沉浸在发现大气田的喜悦之中，国际油价犹如失控的野马，短短时间从每桶 100 多美元断崖式下跌到不足 30 美元。寒冬突然而至，凛冽的寒气瞬间传遍整个油气行业，各大石油公司都在压缩资本性开支，很多深水开发项目都因为效益低而被搁置开发。

在这种不利情况下，中国海油毅然决定启动陵水 17-2 项目，并且还要经济有效开发，为此迅速组建了一支 80 多人的科研队伍。时任中海油研究总院工程研究设计院工艺室主任朱海山临危受命，担任前期研究项目经理。朱海山具有 30 多年的海洋石油工作经验，曾担任荔湾项目副经理，可以说是陵水 17-2 项目前期研究领头人的最佳人选。

“创新、客观、理性、坚强，这些素质必须具备”，这是挂在朱海山嘴边的口头禅，也是这支队伍的最大特质。但即使如此，大家也感受到前所未有的压力。在“惨不忍睹”的油价面前，通过反复计算，大家发现国外已有的开发方案都无法实现陵水 17-2 气田经济有效开发，必须使陵水

17–2 气田的成本压缩到荔湾的一半，才能看到开发的一丝希望，而这就仿佛是一道无解的数学题。

没有方法，就发明方法；没有经验，就创造经验。朱海山在前期研究项目组采取了一套从未使用过的模式——双负责人制、背靠背研究。这样结论一致时就有双份验证，结论不同则可以对比发现问题，目的是激发出大家最大的潜能与智慧，也就是目前科研和互联网领域的"赛马"模式。

短短几个月，朱海山带领项目组把世界范围内所有水深 500 米以上的气田开发模式和技术都研究了一遍，并细致梳理了国内外深水施工资源和装备能力。研究越深入，大家越清楚地认识到走老路肯定是一条死胡同，必须走出一条与以往开发模式截然不同的道路，一个大胆的方法也在大家心中"萌芽"。

原来，陵水 17–2 气田南北跨距 30 千米、东西跨距 49 千米，水深达到 1500 米级别，区域面积达到 1500 平方千米，相当于 21 万个标准足球场大小，同时井位也相对分散，既产气也产油，都分别需要有自己的采出"通道"。当时国内外气田平台开采的凝析油普遍依靠外输管线或 FPSO/FSO 存储运输，可气还有管道可以依托，而油却没有合适的管道，最近的依托设施都要 135 千米，单独铺设一根管道或者建设一条 FPSO"太奢侈"，也不现实。

到底怎么走出设计困境？有多少个日日夜夜，中国海油研究总院工程研究设计院结构总师李达吃不下饭，睡不着觉，苦思冥想着设计方案。一次，他口渴了，提起暖瓶倒了一杯水，正要喝，突然灵机一动：暖瓶胆在外壳支架里，可以储存水，那么在浮体立柱的"腿肚子"里，也可以储存凝析油啊！这不仅大大减少了装置建造工作量，也大大降低了开发成本啊！李达兴奋地几乎跳起来了。于是，他和他的团队借鉴"保温瓶内胆"的原理，成功想出了在浮体立柱存储凝析油来节省开发成本的"金点子"。

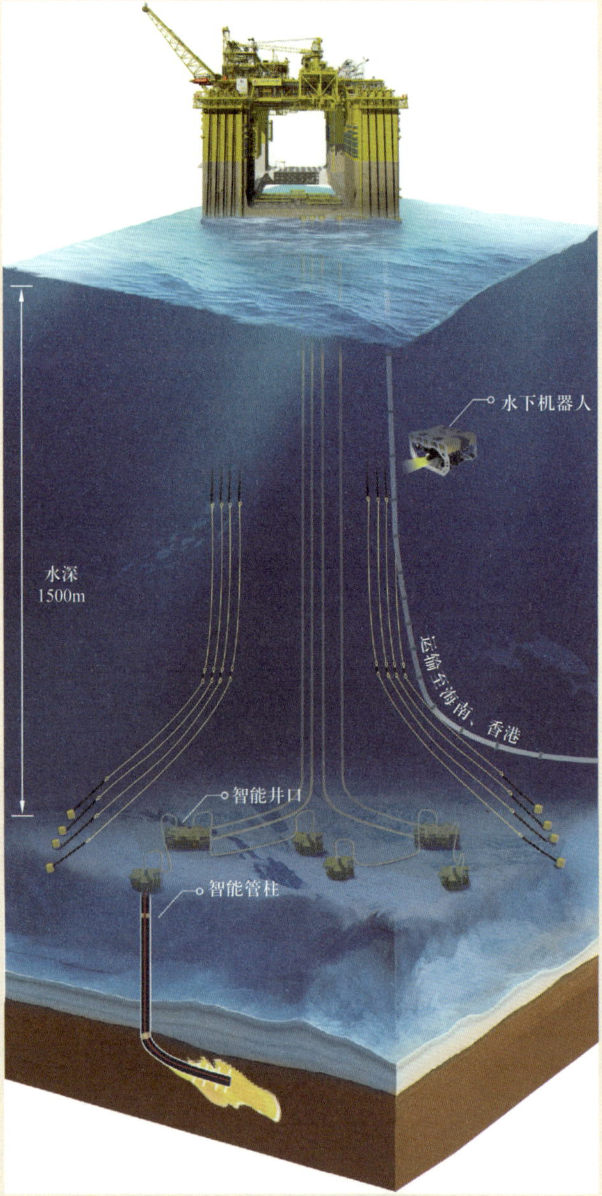

>>> “深海一号”能源站水下结构示意图（曾楠诺、陈宏生制图）

简单来说就是做大平台的“腿肚子”。这样既可以满足气田的生产需求，十分符合陵水 17-2 气田油藏分散的特点，同时也可以暂时储存伴生的凝析油，节省下新建输油管线和储油装置数亿元。但这种大胆的想法不仅国内毫无先例，国外更是从来没有尝试过，一时间引来很多质疑之声，有人甚至直接给朱海山发邮件：你们是不是想出风头？

不过，朱海山与团队并没有被质疑声吓倒，相反通过反复研究，大家坚信这种方案确实可行，并且专门设计了多套防护措施。为了验证方案合理性，团队坚持开门问策，邀请国外众多深水顶尖专家“把脉问诊”。经过多次反复沟通研讨，国外专家也被项目组“异想天开”的构想和缜密的论证所折服，纷纷竖起了大拇指。

经过一年多精心准备，2016 年 5 月 12 日，中国海油管理层听取了朱海山团队的汇报，从开发方案的详细论证，再到水下和浮体平台的设计要点，各位团队成员全力发挥所长，圆满回答了管理层提出的各项问题，最终管理层一锤定音，陵水 17-2 气田采用“半潜式生产平台 + 水下生产系统 + 海底管道”的全海式开发模式。

这套方案不仅开辟了一套独一无二的开发道路，还包括了水下生产系统、流动安全保障、脐带缆等多项自主创新技术，可以说是中国海油这几年深水技术的“集中大阅兵”——成本更低、收益更高的陵水模式也正式成形，日后也将深深影响海洋石油深水开发道路。

不过，平台确定选型只是第一步，要让这套方案真正落地，还需要无数的计算验证和研究。为此，李达和团队承担起重任，他们远赴世界海洋工程中心——美国休斯敦与 SBM 公司开展联合设计。

那段日子是这群结构工程师最劳累也最充实的日子。为了尽量节省经费、尽快学到“真本事”，李达曾经和大家约定好一条“126”规矩：每人每天工作 12 小时，每周工作 6 天。但事实上，大家每天工作时间远远超出了规定，往往达到十六七个小时，以至于外国专家都惊叹这群年轻人真是“铁人”一般。

正是在这样高强度、高密度工作状态下，李达和团队一遍又一遍地验证着分舱、聚酯缆系泊力、脐带缆形态、船体结构尺寸等每一处细节，全面掌握了耦合分析软件应用技巧、气隙修正方法、模型试验数据处理方法等各类深水设计技术，最终和 SBM 公司圆满完成了基本设计。2018 年 1 月，基础设计方法顺利通过审查，“陵水 17-2”项目平台也就是后来鼎鼎大名的“深海一号”能源站，逐步显现出“她”的神秘面貌。

>>> “深海一号”能源站

“基建狂魔”的“深水舰队”

2018 年 12 月 8 日，经过无数个日夜的接力攻关，陵水 17-2 气田前期研究、基本设计和详细设计终于全部完成，无数张图纸和参数描绘出一个无比恢宏的壮丽景象，在蔚蓝色的南海上将矗立起一座举世罕见的“巨无霸平台”，1500 米水深之下的油气将被它源源不断地“提取”出来。

但从图纸到现实又仿佛隔了无数的鸿沟，等待着真正的智者和猛士去踏平坎坷。也正是这个时候，一个饱经风霜、纵横四海的汉子踏入了海油工程青岛场地一拱硕大的铁门，当地人都习惯称呼这扇铁门为“青岛第一门”，他就是陵水 17-2 气田开发项目总经理尤学刚。

跨过了“青岛第一门”的尤学刚并没有太多激动，这个有着 31 年海洋石油工作经历、走南闯北的汉子深知这场深水之战的重大意义和困难程度，事实上由于项目过于复杂，前期状况不断，此时距离预定的投产时间已经只有 28 个月左右，而国际上类似的半潜式平台平均建造周期却是 38.4 个月。

同时，由于其离陆地过于遥远，要进行一次“体检治疗”，花费巨大且耗时耗力，还必须按照“30 年不回坞检修”等高质量标准设计建造，这样一来建造难度更加巨大。因此，尤学刚一上任便开始推动“设计建造一体化”，简单来说就是将设计和建造同时推进，尽可能节省出时间。

那段时间，尤学刚和项目组开了无数个协调沟通会、技术讨论会，曾创下 14 天内开 30 场技术讨论会的纪录，这还只是他们工作的一小部分。

后来尤学刚动容地说道：“你见过凌晨三四点钟的黄岛吗？那也是一种美，也是一种力量。”就是凭着这股劲，他们硬是在三个月时间内将设备采办进度从 17% 提高到 60% 以上。

同时，虽然“深海一号”能源站是一个庞然大物，但绝对不是“傻大粗”，反而对焊接、防腐、检验都提出了极高的要求。有时候对精度苛刻到只有毫厘之间。其中由于能源站的 4 个立柱高达近 60 米，对角跨距最大达 70004 毫米，船体对角立柱间误差必须控制在 13 毫米以内，比国际船级社协会（IACS）标准要求还要高出 4 倍。此外，经过细致调研，项目组发现国内没有一块场地的车间、地基承载力、码头水深等指标完全满足项目建设要求。

经过反复讨论优化，项目组最终选择海工青岛场地和来福士海阳场地同时“开工”，然后在来福士场地用世界最大的 2 万吨桥式起重机——“泰

>>> “深海一号”二期综合处理平台东、西组块海上安装精准就位

山吊”将两者组合到一起，再拖往遥远的南海，这样可以尽可能发挥两个场地的资源优势，并且能够节省工期。

2019 年 5 月，在紧锣密鼓地追赶下，中集来福士海阳场地终于开切“深海一号”能源站的第一块钢板，在比预计进度计划落后 20%、推迟了 6 个月后，“深海一号”能源站陆地建造项目终于开工了！从那一刻开始，“深海一号”能源站项目就像开弓离弦的利箭一路向前冲去。

由于“深海一号”能源站实在过于庞大，项目组像解剖麻雀一样，将平台分为上部组块和船体部分，而船体部分又被拆分为 82 个分段，其中 20 个在海油工程青岛场地建造，剩下 62 个在中集来福士海阳场地建造，之后就像“乐高”一样再把所有的部分“拼到”一起。这样“逐个击破”，既方便设计师能够集中精力攻坚，又有利于建造者同时作业。

即使采用了“分割战术”，整个项目的难度和复杂程度依旧超出了尤

>>> “深海一号”能源站完成 2024 年首船凝析油外输作业（付福康摄）

学刚和团队的最初设想。中国海油对于上部组块早已驾轻就熟，而由于下部船体是世界首创，还包含近 24 万个零部件，建造经验也几乎为零，加上为了适应“30 年不回坞检修、疲劳寿命达 150 年、抵御百年一遇超强台风”等各种苛刻要求，给海洋石油工业提出了巨大的难题。

为此，项目组组织了一个由 100 名设计工程师组成的大团队。在 5 个月的时间内，这个团队夜以继日，硬是用惊人的毅力，完成了船体内近 24 万块结构件、上万个开孔的建模和出图，彻底拼完了这块“拼图”。与此同时，建造场地更是热火朝天，高峰时整个项目超 5000 人同时作业，17 台大型履带式起重机昼夜奋战。即使是 2020 年春节期间，仍有 1000 多名施工人员昼夜不停赶工。

特别是在项目冲刺阶段，新冠疫情突然暴发，给项目建设和设备采购造成了严重影响。青岛场地果断成立 18 个突击小组，细化五级施工计划，制订 10 类 250 余项赶工措施，硬是将疫情影响降到最低。最终，凭借着科学精密的筹划和拼尽全力的劲头，项目组成功追回了滞后的工作量，让进度“飘红”彻底成为历史。

2020 年 6 月 29 日，“深海一号”能源站提前 16 天实现上部船体结构封顶，而下部船体也提前 46 天完成陆地建造。2020 年 10 月 29 日，经过 36 个小时的奋战，巨大的泰山吊通过 192 个吊钩，将 2 万吨重的上部组块缓缓吊起，与 20 层楼高的下部船体合二为一，上下部件之间的偏差仅为 5 毫米，也就是一半指甲盖的误差，这个超过 5 万吨的庞然大物实现了最终的合拢，展示出了它的“终极形态”。

“深海一号”能源站尺寸巨大，总重量达 5.3 万吨，用掉的钢铁超 7 座埃菲尔铁塔，可以制造 3.5 万台轿车，最大投影面积与两个足球场相当，工程焊缝总长度 60 万米，可环绕北京六环路 3 圈，总高度达 120 米，相当于 40 层楼高，最大排水量达 11 万吨，相当于 3 艘中型航母。

>>> “深海一号”能源站俯瞰（高雅洁摄）

2021 年 1 月 14 日，“深海一号”能源站正式建造交付，并创造了超过 1800 万安全人工时的纪录，一次焊接成功率超过 99%，实现疫情期间中外员工“零感染”，创下了比国际同类平台建设工期提前 18 个月的纪录，再一次向世界展示了“中国质量”，更显示了“中国速度”。

雄驻琼东南的巨无霸

2021 年 1 月 19 日凌晨 5 点，晨光熹微，山东烟台芝罘湾人头攒动。尤学刚孤零零站在人群前面，眼中泛着些许泪花，嘴中低语嘟囔着。大家靠近才听清他念叨着："胖妞啊！这回真的要走了。"在尤学刚眼中，几百个日日夜夜相伴的"深海一号"能源站早已成了他的"大胖妞"。

为了这次"送行"，临行前七天的时间里，每天都有 200 名工人在这个 20 层楼的平台上上下下忙碌，做着出发前的各项准备，仅仅各项检查销项表就达到了 820 项。事实上，要将这个 5 万多吨的"巨无霸"安安稳稳"送"到 1600 海里外的南海，就和火箭发射一样，一点小小的失误都可能造成灾难性的后果。

事实上，这也是国内首次进行大型装备超长距离拖航，并首次采用三船并拖的方式。"深海一号"能源站将从她的"出生地"烟台芝罘湾一路南下，穿越渤海、黄海、东海和台湾海峡，最后到达陵水海域。拖航期间，还面临着海况复杂多变、拖航运动幅值较大等多种挑战。

而为了"深海一号"能源站首次"远行"，中国海油也是做足了功课，一方面组建了由拖航总监刘克建领衔的专业拖航团队，这个从普通海上打桩工成长起来的工程船舶总监曾经参与了 134 个大型海洋工程项目的安装作业，多次打破国内海上施工和吊重纪录，他和团队吊装总吨位相当于 33 个"鸟巢"总重量。

2013 年，刘克建还和施工团队完成了我国首个深水油气田——荔湾

3–1 气田的海上付托作业，将 3 万多吨的平台稳稳地“放置”到南海深处，受到各方一致好评。“海上作业总指挥，非刘克建莫属！”从作业者到施工方，大家一致公认刘克建为“深海一号”能源站护航的最佳人选。

同时，为了确保整个“护航”行动万无一失，中国海油还建立了海陆联动的应急保障体系，专门组织人员“提前踩点”，对航线水文气象情况、碍航信息全都进行细致记录，并且针对可能遇到的恶劣天气、拖船碰撞、拖缆断裂等 19 种极端情况都进行反复推演，制定了应急预案。

1 月 19 日 12 点 6 分，经过最后的检查和准备，“深海一号”能源站在 6 条港口拖轮的牵引下，缓缓驶离港口，在短短的 1 海里路上就大角度转向 3 次，并克服航道水浅、狭窄、流急、作业视线受限等多种困难险阻，顺利踏上了南下“征程”。

>>> “深海一号”能源站俯拍

此后，在各方的通力配合下，大家先后克服东海横涌、渔船误闯航线等各项考验，其间地方政府也给予了“深海一号”能源站额外的“关照”，浙江省海监、渔政不仅发布了航行警告，还安排两条船舶来进行“护航”，确保她顺利通过了浙江渔区。

但尽管如此，在通过台湾海峡时，刘克建和团队还是遇到了巨大的难题。海面上突然刮起 7～8 级大风，浪高近 5 米，5 万多吨的“深海一号”能源站也开始“晃动”，同时航线附近还散布着渔网，让在场所有人都捏了一把汗。

这时候，前期的各项预案发挥了作用，全体人员 24 小时待命，随时关注外面的天气状况和海面的各种障碍，通过调节平台吃水深度、动态控制航速、拖缆长度和拖缆张力等各种“微操”手段，让“深海一号”能源站安稳地往前航行着。

最后，在与汹涌的风浪搏击了整整 52 个小时后，1 月 31 日 23 时，“深海一号”能源站终于闯过台湾海峡。2 月 6 日，历时 18 天、航行 1600 海里，这个尤学刚眼中的“胖妞”经历了一路波折，顺利抵达海南岛东南陵水海域。我国首个 1500 米自营深水大气田——“深海一号”大气田，向正式投产又迈出了关键一步。

争雄世界的深海重器

2021 年 6 月 25 日，经过 4 个多月的油气生产设施安装和调试工作后，凝结着无数海洋石油人心血的“深海一号”大气田正式投产，这也意味着我国第一次独立自主叩开了超深海能源宝藏的大门，每天 1000 万立方米的天然气从 1500 米水深的海底源源不断开采出来，每年向粤港琼等地稳定供气 30 亿立方米，可满足粤港澳大湾区四分之一的民生用气需求。

>>> “深海 1 号”能源站海上安装现场（张光明、李浩玮、贾雪东、汪洋、任涛、刘斌摄）

作为“深海一号”大气田的核心和枢纽，“深海一号”能源站在湛蓝的海面更是英姿挺拔，仿佛一个刚毅的南海卫士一般，被 16 根系泊缆稳稳地固定在大海上，是一座名副其实的“钢铁浮城”。

除了外形“霸气”，其“内力”更是惊人，创造了无数个第一次，相继取得了 3 项世界级创新、13 项国内首创技术，并解决了 10 多项行业技术难题，将我国深水油气田开发能力和深水海洋工程装备建造水平直接推到世界最前沿，标志着我国海上油气勘探开发能力实现从水深 300 米到 1500 米的跨越，全面迈向“超深水时代”。

其中，“深海一号”能源站的 3 项世界级创新，即在全球首创半潜平台立柱储油，采用全球最大跨度半潜平台桁架式组块技术，全球首次在陆地上采用船坞内湿式半坐墩大合拢技术，每一项创新都是前无古人的创举，更是大家反复研讨分析的结果。

以全球首创半潜平台立柱储油为例，为了保障浮体立柱能够安全有效存储好凝析油，浮体结构工程师创新性地提出了在“田”字形结构外扎起一道“泥巴墙”，这样内外壳体互为面板支撑，在立柱内部形成“十”字形舱壁。同时，为了让立柱能够连续 30 年承受住疲劳考验，项目组开发了新型的大开孔形式舱壁结构，实现了舱中有舱壁，将凝析油舱内结构疲劳寿命提高了 30 倍以上。

同时，为了尽可能减轻立柱的“负担”，设计人员还通过自主研发软

>>> 工作中的“深海一号”二期综合处理平台（李彦昭摄）

件合理地优化了压载舱、凝析油舱、隔离舱的比例关系，成功突破了国际同等条件下负载与排水量 1∶3 的天花板，将有效负载与 排水量控制在 1∶2.5 以内。最终，项目组成功开发出"凝析油 U 型隔离与安全储存技术"，确保"深海一号"能源站的立柱在海浪不断侵袭下也能够屹立不倒。

此外，全球最大跨度半潜平台桁架式组块技术更是体现出项目组的"巧思"和"贴心"。

由于"深海一号"能源站的体型庞大，设计人员专门为其设计了桁架式结构，该结构主要是由杆件彼此在两端用铰链连接而成。与传统的箱体式半潜平台组块相比，桁架式结构重量轻、钢材用量少，但同时对重量控制和精度控制提出了苛刻要求。

为此，项目组对组块各个位置都进行了详细的受力分析，针对主桁架结构尽可能减少焊缝，防止主桁架受到不必要的损伤，并且在选材上首次采用了国产屈服强度达到 414MPa 级别的高强钢，大大增强了平台结构刚度，满足该平台大跨距对刚度的高要求，确保平台不会因为极端情况而"散架"，成功攻克了 50 米级跨距整体桁架式组块设计及建造技术。

除了这些世界级创新，项目组还形成了国内首次 1500 米级水深聚酯缆锚泊系统的设计与安装技术、国内首次 30 年不进坞维修的浮体结构疲劳的设计与检测技术、国内首次 3 万吨级船体的滑道总装搭载及精度控制技术、国内首次 1500 米级水深聚酯缆的设计与制造技术等 13 项国内首创技术。

特别是国内首次 1500 米级水深聚酯缆的设计与制造技术一项，就让国内材料制造技术迈出了一大步。这是我国缆绳行业真正意义上第一个纯自主的海洋工程缆绳，表明聚酯缆制造工艺达到了国际先进水平。可别小瞧这根聚酯缆，其强度比钢缆还要高，并且耐海水腐蚀，能达到 30 年的使用寿命，重量还只有钢缆的约 1/43。通过这 16 根系泊缆，"深海一号"

能源站甚至可以扛住 16 级台风的“猛烈袭击”。

此前，聚酯缆一直被国外厂家所垄断。在“深海一号”能源站建造过程中，项目组充分发挥产学研用机制，联合高校、厂家开展深水聚酯缆的技术攻关，最终促使浙江四兄绳业有限公司这家民营公司攻克了这项难题，成功打破了欧美厂家的垄断。正是这份执着和坚持，“深海一号”能源站成功带动了我国造船、钢铁、机电等一大批行业的长足进步，推动我国半潜式油气生产平台的关键设备自主化率由 33% 提升至 80%。

见证了我国海洋油气装备筚路蓝缕、一路成长的中国工程院院士周守为曾感叹，从“海洋石油 981”“陵水 17–2”到“深海一号”，意味着无论是勘探开发还是生产开采，我们在深海都已经具备了全面的生产能力、开发能力和建设能力，在深海能源的开发、勘探上跨出了坚实的步伐，迈上了更高的台阶。

也正是这份“硬实力”，让“深海一号”屡获大奖，不仅成功入选 2021 年国内十大科技进展，还成功获得 2023 年第七届中国工业大奖。该奖项是国务院批准设立的我国工业领域最高奖项，每两年才评选一次。此外，“深海一号”模型还频频在“奋进新时代”大型主题成就展、2023 中国国际服务贸易交易会、2023 中关村论坛展览（科博会）、中国海洋经济博览会等大型展会亮相，一直是会场那个“最靓的仔”。

知识链接

海底机器“蛙人”

无人遥控潜水器（remotely operated underwater vehicle，ROV）是一种无人的水下航行器，通过电缆连接到母船，由工作人员进行远程操作，常搭载水下光源和照相机、摄影机、机械手臂、声呐等，主要用于执行水下的阀门操作、液压功能及相关任务，因为具有机械手臂，所以又称为水下机器人。

>>> “南海挑战”平台的ROV（水下机器人）正在水下作业

海平面以下300米，是人类饱和潜水施工的极限，而300米以下的深水区作业，主要通过ROV来完成。因其具有安全、经济、高效和作业水深大、作业安全性高等突出特点，ROV已经成为海洋石油工业水下检测维修作业的主力，在世界上得到了越来越广泛的应用。

20世纪60年代，美国海军资助了早期ROV技术开发，在此技术基础上，海上石油和天然气行业创建了工作级ROV，以协助开发海上油田，并在20世纪80年代成为海上油气田开发的重要装备之一。此外，ROV还被广泛应用在军事、打捞、救助、科研等一系列领域，包括泰坦尼克号、俾斯麦号等打捞过程中，ROV都得以大显身手。

在ROV的背后，有一群技术过硬、沉着冷静的操控者——ROV领航员，这群人也被称为“深海宇航员”。韩超，我国第一个获得IMCA国际认证资质的ROV总监，也是全球最年轻的ROV总监，曾被授予“中国海油青年岗位能手”“中国海油技术能手”等荣誉称号，2022年作为“大国工匠”代表登上《新闻联播》。

作为我国自主培养的第一代ROV领航员，2009年至今，韩超先后培养出25名ROV领航员以及6名高级监督，带出5个ROV作业团队。在他的带领下，中国海油在国内率先建成了一支ROV作业华人班组，拿回了ROV自主操作权和话语权。

随着越来越多中国ROV领航员在不断的历练中成长起来，ROV技术被国外垄断的时代早已一去不返。目前，我国已经拥有从轻型、浅水、观察级到重型、深水、作业级的各类水下机器人，作业范围覆盖从5米超浅水到3000米超深水的作业水深。同时，韩超与团队也在不断钻研，致力于ROV行业在国内的职业化和ROV设备的国产化工作，期待着ROV行业也树立起“中国品牌”。

超级“保姆”储运忙

在海里发现了石油，开采了石油，关键是要把它收集起来，储存起来，运到岸上来，为人们所利用。这用石油术语讲，叫作“石油储运”。

海洋石油储运要比陆地储运复杂得多。储运的类型大体可分为储卸油船、船舶运输、管道运输等。业内人士把海上储运形象地称为海上超级“保姆”。

Petroleum Stories

浮式液化天然气生产储卸装置（FPSO）

中国十大名船之一“渤海友谊号”

2023年2月10日，一位34岁“高龄”的钢铁浮城终于迎来了“退休”的日子——她就是52000吨浮式液化天然气生产储卸装置（FPSO）“渤海友谊号”。按照安排，她将作为爱国主义教育基地为全国青少年“解说”海洋石油储运史的一段光辉岁月。

对于很多人而言，FPSO非常陌生，但是对于业内人士来说，这几个英文字母可是如雷贯耳。这个“海上巨无霸”集油气处理、储油、外输、发电、供热等于一体，是功能最复杂也是危险性极高的海上工程单体，被称为“海上油气加工厂”，也是当之无愧的“油田心脏”。

自从1976年，壳牌石油公司利用一艘近6万吨的油轮改造成世界上第一艘FPSO，就以其投资小、储卸油能力大、不受水深和海域限制等多项优点，迅速“风靡”海洋石油界，以其为中心的采油模式广泛应用，并以平均每年两艘以上的速度递增，成为海洋石油开发主流形式之一。

作为我国首艘新型FPSO，“渤海友谊号”也在这股全球FPSO大潮中应运而生，让我们的开发模式一举跟上世界潮流。等到其“光荣退休”时，它已经在海上“勤劳服务”34年，累计完成外输642船次，外输原油约1796万吨，为我国经济社会发展提供了源源不断的动能，绝对是一名兢兢业业的“海上劳模”。

可以说，“渤海友谊号”的出现直接改变了我国海洋油气储运史，但是这充满光荣与梦想的远征还得从34年前的那次渤海开放浪潮说起。随着改革开放的春风吹遍渤海和南海，我国海洋石油工业勘探迈上了快车道。1980年5月，中日双方签订石油合同后，日中石油开发株式会社（JCODC）立即着手实施勘探作业。

1981年3月22日，双方在渤中28−1构造钻出高产油气流，日产原油137吨，天然气32万立方米，经过评价井证实了这是一个碳酸盐岩裂缝型油田，这也是中日合作勘探开发的首个海上油气田。不过随着渤中28−1油田的发现，中日双方也面临着“烦恼”。

原来，要想实现该油田经济有效开发，一个很适合的方案就是采用FPSO。可正当中日双方确定以FPSO为中心的开发模式时，国际油价突然急剧下跌，给渤中28−1油田开发蒙上一层阴影。当时，日本三菱重工、新日铁、石川岛播磨、日本钢管和美国CE公司，每家投标的成本都远远超过了油田开发成本，最终第一轮招标“无疾而终”。

经过慎重考虑，刚刚成立的中国海油决定接下这个重担。在征得日方同意后，最终以较低的价格拿下了FPSO项目的总承包权。面对这种“大胆”的举动，外界的质疑扑面而来，“这个海洋石油工程给了一家没有经验的中国公司！”的确，那时候的中国海油在FPSO领域还是典型的“三无”公司：一无设计经验，二无改造技术，三无相关人才。

不过，中国海油却有着一股不服输的劲头。大家心里清楚，此次不尝试未来就要“补课”，由于渤海油田构造独特，未来FPSO开发模式肯定会成为油气田主流开发模式。很快，他们就组建了一支当时不太起眼、日后却非常豪华的阵容，具体由708所负责基本设计、详细设计，沪东造船厂负责生产设计。

1986年初，“渤海友谊号”设计工作组成立，时任渤海工程设计公司副经理的曾恒一出任渤中 28-1 油田主体工程 FPSO 项目的设计经理和项目经理，时任渤海采油公司埕北油矿中方副矿长的周守为兼任生产代表。是的，大家没有看错，就是周守为和曾恒一这对“黄金搭档”。

此外，708 所研究员赵耕贤出任“渤海友谊”号 FPSO 驻厂工作组组长，也是我国 FPSO 设计的主要开拓者之一，2010 年被中国造船工程学会授予“船舶设计大师”称号。由于之前已经深度参与渤中 28-1 油田 FPSO 项目的投标工作，赵耕贤深知这不仅是要填补我国 FPSO 建造的空

白，更可能是要填补世界 FPSO 项目的空白。

摆在项目组面前的有“三座大山”：一是成本，二是环境，三是标准。此前投标过程中，国外公司提交了新建一艘 7.1 万吨 FPSO 的方案，但随着油价下跌，这个方案明显不再适用。项目组齐心协力，一方面减少了一些成本过高的设计细节，另一方面对生活区和火炬塔等位置进行优化调整，最终将 FPSO“瘦身”到 5.2 万吨，造价比日方所期待的还要节省 1000 万美元。

>>> “南海奋进号”FPSO（陈涛、艾川琪摄）

相比于成本可以“精打细算”，但环境这一关可不好过。原来渤中28-1油田地处渤海，每年冰期长达100多天，1969年渤海曾发生百年不遇的大冰封灾害，90%以上的海域都被冰所覆盖，有的冰层厚度达到40厘米，即使在冰情较轻的年份，浮冰也可以覆盖30%的海域。厚厚的流冰将是FPSO安全运营的巨大威胁，而当时世界上还没有FPSO用于冰区海域的先例。

为此，曾恒一带着工程技术人员远赴荷兰瓦格宁根水池开展FPSO与单点水池模型试验。通过水池、冰池大量的模拟试验及计算数据，证明流冰引起的FPSO的系泊力远小于100年一遇海况所引起的系泊力，最终解决了严重冰冻海域中FPSO安全作业问题，逐步摸清冰与FPSO相互作用的机理、结构加强范围等，仅这一项技术就比国外建造抗冰型FPSO提早了整整10年。

克服了成本和环境的困难，项目组还需要建立一套行之有效的标准。当时世界上FPSO大都是利用旧油船改装而成，新设计与建造FPSO仍然是新生事物，不仅没有相关资料可参考，船级社也没有出台专门的规范与准则。此外，国内对于FPSO的现代化管理模式也处于探索阶段。

1987年6月，曾恒一、周守为率领项目组进驻上海沪东造船厂，刚进厂就犯了难，原来船厂还是承袭计划经济体制下的传统管理方式，对于计划控制、费用控制、进度控制等如今习以为常的“几大控制”并不了解，还没有“项目管理”的理念和经验。为此，在中国海油项目组的带动下，船厂建立一套符合国际化管理规范的项目管理体制，及时组织协调、技术澄清、优化方案，大幅提高了作业效率。

相比于管理机制，更让赵耕贤记忆犹新的还是对技术标准的突破，由于从事一项国内甚至世界上前所未有的事业，几乎每一项技术进步都得依靠自主摸索。在没有专用规范可循的情况下，他带领团队完成国内第一次软钢臂式单点系泊支架的加固，以及50米高火炬塔结构的设计，开创性地绘就了国内造船业内第一张“危险区划分图”，实现了我国FPSO研制一个又一个“零”的突破。

1989年5月，我国自行设计建造的第一艘FPSO——“渤海友谊号”正式在渤中28-1油田投产。她总长215.62米，型宽31米，型深17.6米，船主甲板上分布了重达1600多吨的石油处理装置，在当年是一个妥妥的“海上巨无霸”。

“渤海友谊号”的诞生，标志着我国海洋工程研制水平迈上了一个新的台阶，开启了属于“渤海友谊号”的“辉煌一生”。1991年，她荣获国家金质奖、国家科技进步奖一等奖。2006年3月23日，我国首次开展的十大名船评选活动在北京人民大会堂揭晓，“渤海友谊号”荣膺“中国十大名船”称号，正式迈入“名人堂”，曾恒一也被授予“中国工程设计大师”的称号。

同时，“渤海友谊号”的自主设计建造更预示着我国海洋石油开发进入全新的时代。1990年后，我国又相继建造了“渤海长青号”“渤海明珠号”“南海发现号”“南海开拓号”和“南海胜利号”等多艘FPSO。通过消化、吸收国外FPSO先进技术和加快自主创新步伐，我国FPSO产业蓬勃发展，实现了海洋工程建造能力和项目管理能力的快速飞跃。

腾飞的“中华牌”FPSO

当时间来到21世纪，我国海上勘探开发的速度不断加快，FPSO建造也像“下饺子”一样快速推进，我国FPSO产业正式进入了第二个建设高潮。2003年，刚刚成立4年的上海外高桥造船有限公司（以下简称上海外高桥）就瞅准时机，进入FPSO建造市场，并顺利完成了第一艘FPSO——15万吨的“海洋石油111”的建造。

此时，我国FPSO产业已经逐步赶上世界先进步伐，并开始着手向世界级水平冲击。2002年10月，中国海油正式开始“海洋石油112”“海洋石油113”FPSO的建造。其中“海洋石油113”更是达到17万吨级，其船体总长287.4米，仅甲板面积就有2.5个足球场那么大，从船底到上部建筑总共有45米高，相当于一栋15层楼高的“钢铁浮城”。

相比于“渤海友谊号”的“一无所有”，“海洋石油113”则有了更多的“底气”，同时这次还是完全的“全华班”，走上了独立自主设计制造的道路。中国海油旗下渤海公司、海洋工程公司联合上海外高桥和708所，形成了“造船者联盟”，不仅“送资料”，还“送人”，渤海公司一口气将前期10多艘不同型号FPSO建造积累的资料都送给了上海外高桥，让这家年轻的公司“内力大增”。

中国海油与上海外高桥更是提出了“一个团队、一种策略、一个目标”的口号。以FPS0项目组为核心，油田作业者、油田项目组和FPSO项目组形成一个大甲方。尽管上海外高桥设计团队平均年龄只有26岁，领衔的是年仅 32 岁的造船博士陈刚，但中国海油直接派出了时任渤海公司总经理助理姚德彬担任“海洋石油 112”和“海洋石油 113”的项目经理。他带领生产项目组，从 FPSO 建造初始就深度参与到建造过程。

当时，一般建造一艘船船东驻厂代表为 5 至 6 人，中国海油一下派出了 20 多人的驻厂代表，还派出船员提前上船，共同帮助船厂设计和制造，实现了团队之间的有机融合。其中，曾恒一更是每月一次奔赴船厂现场指导工作，在船体上攀上爬下，帮助修改设计，确保了建造工作稳步推进。

在建造期间，生产项目组还选派部分人员远赴英国北海油田，开展为期半年的海洋油田安全管理培训，并根据项目质量、进度、费用、健康、安全、环保六大控制目标，持续优化工程流程，加强项目体系化管理，让科学的管理理念真正在项目中落地。

依靠这种精诚团结和不服输的劲头，项目组有效克服了人手紧张、钢材价格上涨、多线作战等多重困难，

>>> “海洋石油 112” FPSO 正在曹妃甸油田群生产作业（李佑坤摄）

仅仅用了20个月就完成“海洋石油113”FPSO建造工作，这与国际上平均32个月的建造周期相比，足足缩短12个月，创造了“世界最短纪录”。同时，“海洋石油113”总投资仅为1.6亿美元，而国际上同等规模FPSO的建造费用在2亿至2.2亿美元之间。

不仅如此，“海洋石油113”还一举达到了多项世界一流水平，其建造期间实现了多项安全环保纪录，百万工时事故率低于0.2，没有发生一起重大伤亡事故，同时建造质量远超行业标准，一次报检合格率、X光探伤检测合格率、超声波探伤检测合格率这三项衡量FPSO建造质量的重要指标分别达到99%、97%和98%，被科麦齐公司誉为“神五飞船质量”。

此后，中国海油更是一鼓作气，向FPSO世界顶尖水平不断发起冲击，我国FPSO产业也开始进入第三波发展高潮。

2005年3月，我国第一艘完全自主设计并建造的30万吨级FPSO——“海洋石油117”开工，并于2007年4月30日正式交付，标志着我国在超大型FPSO设计建造领域取得了重大突破。

要知道，“海洋石油117”长达323米，宽63米，其甲板可停放约3架波音747飞机，建造时使用的钢材量相当于约7座埃菲尔铁塔钢材使用量的总和，每天可以处理原油19万桶，处理能力相当于占地10平方千米的陆地油气加工厂。

此外，中国海油还顺便专门针对渤海的边际油田开发设计建造了自安装式采油平台，被大家亲切称呼为“蜜蜂式”小型FPSO。

之后，中国海油一往无前，不断攻克FPSO建造领域最后的“山头”。2020年5月，成功交付我国自主设计、建造和集成的中国最大作业水深FPSO“海洋石油119”，实现了30余项工艺创新，突破130毫米超大厚板

>>> “企鹅”FPSO

焊接等 10 余项关键技术，标志着我国大型 FPSO 高端制造能力和全产业链技术再获新突破。

2022 年 11 月，成功交付我国建造规模最大、智能化程度最高的圆筒型 FPSO——“企鹅”FPSO，突破 5 项国内首次应用技术，实现 20 余项工艺创新，集成速度和精度达到世界先进水平，标志着我国全面掌握所有船型 FPSO 建造及集成总装技术。

2023 年 6 月，成功交付我国首艘全新智能 FPSO——“海洋石油 123”，打通多个智能管理模块之间的数据壁垒，是我国首艘应用了云计算、大数据、物联网、人工智能、边缘计算等数字技术的全新 FPSO，实现了作业人员工作效率及设备精细化管理大幅提升，引领 FPSO 进入智能化生产运营的新阶段。

2024 年 4 月 26 日，亚洲首艘圆筒形“海上油气加工厂”——“海葵一号”FPSO 陆地建造完工，项目团队攻克了圆筒形浮式生产装备一体化系统设计、高精度建造集成、全流程数字化调试等一系列技术难题，实现了海陆一体化智能中控系统、天然气双塔工艺脱硫系统等 15 项关键技术设备自主化应用，标志着我国深水油气装备现代化建设取得新突破。

经过这么一场又一场“硬仗”，中国海油已经完全打通了“任督二脉”，形成了从设计、建造、安装、调试到运营管理、升级改造的 FPSO 全生命周期管理能力，实现了作业海域从水深 16.7 米到 2000 米、吨位从 5 万吨级至 35 万吨级、船型从普通型到圆筒形、系泊形式从多点系泊到单点系泊的全覆盖。

我国 FPSO 产业逐步实现了从无到有、从有到精的蜕变，能够根据海上油田的需求“自由”建造不同类型 FPSO，真正实现了“从心所欲不逾矩”。

>>> “海葵一号” FPSO（李彦昭、王子君摄）

>>> “海葵一号”完成回接后与“海基二号”导管架平台遥遥相望（李浩玮、张鹏等摄）

>>> 三艘大马力拖轮牵引“海葵一号”驶向作业海域（王继强、于常宝摄）

全球 FPSO 产业“四大巨头”之中国

2015 年，巴西的海洋石油 FPSO 建造业遇到了一件尴尬的事。

随着巴西深水油田迎来勘探开发热潮，必须配套世界顶级的 FPSO。在这种背景下，他们的 P67 号和 P70 号两艘 35 万吨级的超级 FPSO 开始建造，一艘就相当于我国“辽宁号”航空母舰的 5 倍大，但这么一个超级项目，却让巴西船厂“不堪重负”，在主体结构基本完工安装功能模块时，发现实在“无能为力”，项目一度陷入绝境。于是，他们不得不向外转让这个“烂尾工程”。

世界上 FPSO 制造厂家很多，但谁能够接手呢？当时，建造过世界上许多最先进、最复杂、最大的 FPSO 巨头们，也曾经想接手，但是经过难度、效益评估后，都选择了放弃。已经在全球 FPSO 产业界站稳脚跟的中国海油建造者们，却有些“不信邪”，经过详细评估，他们认为依托国内强大的制造业体系，完全可以“救活”这两个庞然大物，并在 2015 年 5 月成功拿下这个“超级大单”。

2016 年，中国海油接手了第一个外界避之不及的“烫手山芋”。一艘“庞然巨物”历时 113 天、经过 12300 海里的远航，从遥远的南半球到达青岛，随之而来的全球 FPSO 界的聚光灯聚集在这里——她就是被称为整个 FPSO 产业界“史上最难”的 P67 号。之后，和 P67 号同样命途多舛的 P70 号庞然大物，也来到这里。

不过，当大家看到远道而来的 P67 号时，仍然被这斑驳的油漆和无数的零件震撼了，仅仅卸下其模块和散料就“折腾”各种型号吊机5200多次。此时很多设计图纸都已丢失，而中国海油需要做的是将17个千吨级模块、50个结构单体、100多台大型设备和超过100万个零件精密“组装”到不足3个足球场的空间内。

为此，中国海油并没有畏惧不前，而是迅速组建了近千人的项目团队，并重启分布在全球的16家主要承包商的协调、复工和交付工作，P67号和P70号FPSO的“命运”由此改变。最终，经过近1000个日夜、1800多名参与者的不懈努力，2018年5月16日，P67号FPSO终于在青岛成功交付。

此后，中国海油更是一鼓作气，在2019年12月4日成功交付P70号FPSO，较合同工期提前约三个月，较P67号集成工期缩短近8个月，创造了国际超大型FPSO交付的新速度，并成功入选2019年中国“十大创新工程”。

>>> 巴西P70号FPSO

其间，中国海油巴油项目团队完全掌握了 35 万吨级 FPSO 最核心的模块设计、集成、调试等整套技术，还进行了 120 多项技术和工艺创新。在建造过程中，中国海油首次运用了 2000 公斤[1]高压水射流技术、超声相控阵无损检测技术，并创造了 900 公斤水压和 575 公斤气密试验的业内最高纪录。

时任海油工程公司总裁金晓剑不由得感叹：“P67 号和 P70 号 FPSO 的完成，应该说标志着中国海油和海油工程具备了完全自主进行超大型浮式生产储卸油轮的建设能力、设计能力和调试能力。”

正是有了这份底气，让中国海油开始把眼光不仅仅局限在国内 FPSO 建造，而是开始寻找在国外一展身手的机会。

中国海油巴油项目团队的实践，让世界 FPSO 产业见识到了中国制造的威力。至此，厉兵秣马近 20 年，中国与韩国、新加坡、巴西一样，正式成为世界 FPSO 产业“四巨头”，同时规模更大、技术更难、困难更多的 FPSO 项目也向中国海油“抛来”，不断点缀着中国海油 FPSO 荣誉簿。

[1] 1 公斤压力 =0.1MPa。

打造海底生命线

尽管有了 FPSO 这种海洋油气开发“大杀器”，但是依然少不了另外一项至关重要的装备——海底油气管道。作为开发海洋油气工程不可或缺的关键工程之一，不论海上油气田采用哪种开发方式，都需要通过油气管道这个“主动脉”，将油气从地层内部输送至平台、FPSO 或陆上终端。

海底油气管道具有高投资、高风险、高技术等诸多特点，被称为“海上油气田生命线工程”。一直以来，海底管线设计制造安装技术，也是检验一个国家海洋油气工程行业整体水平的重要标志之一。

我国虽然是世界上最早使用管道运输的国家，秦汉时期，蜀郡就已经采用“火筧”（打通的竹节）来运送卤水，但发展却一直比较缓慢。

相比于陆地油气管道，我国海底油气管道的发展更是迟缓。1954 年，美国 Brown & Root 海洋工程公司在墨西哥湾铺设世界上第一条海底管道，但直到改革开放前，我国海域一条海底油气管道都没有，海底铺管技术几乎是一片空白。

1985 年，渤海石油公司海上工程公司历时 45 天，铺设完成长约 1.6km 的渤海埕北油田内部海底管道。这是我国第一条严格按照国际规范和标准建造的海底管道，为后来现代化海管铺设打响了第一枪。

我国的海底管道尽管输在“起跑线”上，但中国海油人并没有气馁，通过对外合作，积极向国外同行“拜师学艺”，并结合我国近海原油高凝固点、高黏度及高含蜡等特点，渐渐掌握了“门道”，逐步形成了一套完整的海底高凝、高黏原油管道输送技术。依靠着这个“真本事”，从 1984 年到 1989 年的短短 5 年间，中国海油就成功铺设完成了渤海 7 条海底管道，以后更是一路“狂飙”，甚至让世界惊叹于“中国速度和亚洲长度”。

中国海油人忘不了陵水 17–2 气田海底深水管道的铺设。

自从陵水 17–2 气田发现以后，气田开发便提上了中国海油的“日程表”，其中重要一环便是陵水 17–2 气田海底管线铺设。由于气田水深超过 1500 米，其铺设难度是世界级的，中国海油能否扛下这个重任让很多人都“心里打鼓”。

作为陵水 17–2 气田也就是“深海一号”大气田开发工程项目组深水管缆部经理，即使被誉为“铁娘子”的侯静也深感“压力山大”。摆在她面前的有两大难题：一是寻找合适管材；二是安全顺利铺设。为了能够满足这个超深水大气田的高质量设计标准，她和团队成员一开始设想着购买与之配套的钢悬链立管。这个立管是海底油气从水下输送到浮式生产平台的关键通道，被誉为“咽喉”设施。

不过，很快侯静和团队就发现核心装备是“买不来的”。当时全球能够生产符合条件的钢悬链厂家只有 2 家，在与德国厂家进行技术谈判时，团队就碰了“钉子”。由于自恃“含金量高”，德国厂家压根没把他们放在眼里，一要加钱，二要慢慢等，在谈判进行不下去后直接撂下一句狠话，“你们没有选择我们，那就拭目以待吧！”

他们以为侯静和团队成员最终会因为没有合适装备而上门低头道歉，但等来的是团队一致的决议——一定要研制出性能优越的国产钢悬链立管来！ 2019 年夏天的一个傍晚，侯静拨通了时任“深海一号”大气田开发项目组总经理尤学刚的电话，并告诉他国产钢悬链立管的想法。尤学刚深思片刻，很干脆地说了一句，“那就干”。

之后，侯静和团队开始与国内供应商合作，围绕力学性能指标、疲劳因素等不断对管材进行研制，其间经历了许多失败和挫折，最后经过 328 天的努力，最终试制成功 18 英寸的钢悬链立管，使我国成为世界上第三个能够生产这种大口径厚壁钢悬链立管管材的国家，仅这一项就节省费用约 2000 万元。至今回想起此事，尤学刚坦言：“我们和国外没有议价的权利和资本，早晚有一天我们要走向国产化，晚走不如早走！”

解决完钢悬链立管的问题，侯静又带着团队开始向铺设我国首条 1500 米水深的海管发起“冲锋”。2020 年，“深海一号”大气田海管铺设正式拉开帷幕，一部分由外租铺管船 Audacia 承担，一部分交给了“海洋石油 201”来完成。侯静专门安排两艘船舶同时施工，开展作业竞赛，一场中外“PK”赛拉开序幕。

>>> “海洋石油 201”在西江 30-2 油田开发项目的海管铺设任务中（张志伟、李志远摄）

由于“海洋石油 201”还是首次“涉足”这个超深水项目，侯静带着团队专门给“海洋石油 201”开了“小灶”。他们做了大量的调研工作，逐个了解会影响“海洋石油 201”作业效率的因素，并针对性制定“辅导计划”，通过控制钢管管端剩磁量、增加冷却水、加大内对口器压力等一系列举措，让“海洋石油 201”能够保持“最佳状态”。

这种良性竞赛既激发了“海洋石油 201”的斗志，也让两艘作业船可以彼此取长补短。侯静和团队也是时刻“紧盯”赛场，对需求受理、管线

装船、吊装作业等环节进行实时盯控，确保作业质量和速度。当时正值新冠疫情肆虐高峰，为了不影响作业进度，并准确掌握每条船的关键数据，侯静在海上一待就是105天，不管风吹日晒，她都站在第一线，“侯姐”的名号响彻整个项目组。

最终，作业团队创造了我国海底管线铺设水深的新纪录，形成了30余项深水施工技术方案，“深水海管自由端悬垂下放连接重力锚起始铺设”等多项技术填补了国内空白，创造了单日最高4.02千米的铺设纪录，累

>>> “海洋石油201”铺管船（王旭明摄）

计节约83.8船·天，其中国内首条钢悬链立管的提拉回接作业仅用20小时就顺利完成，用时仅为国外同类施工作业的一半，连国外同行都不由得竖起了大拇指。

2021年6月25日，经过无数个日夜的奋战，中国海油向全国、全世界庄重宣布“深海一号”大气田正式投产。侯静在气田投产的种种挑战中，也不知不觉度过了一生中最难忘的1212天。不过侯静和团队并没有就此止步，紧接着他们又投入到“深海一号”二期工程中，这次他们要攻关的是我国最长的深水油气管道。

“深海一号”二期工程所处海域地层条件更加复杂，存在海底陡坡、大面积沙坡沙脊等多种复杂地形，是国内水深跨越幅度最大的海底管道，给工程设计、船舶装备能力及海上安装技术等带来极大挑战。

2023年6月22日，在海南陵水海域，我国最长的深水油气管道、“深海一号”超深水大气田二期关键控制性工程——全长115.5千米的20英寸海底长输管道铺设完工。中国海油在深水环境下首次应用“114千米深水大口径无缝钢管+1.5千米深水双金属复合管”组合方案，搭建起连接“深海一号”二期工程油气输送“主动脉”，标志着我国深水长输海底管道建设能力和深水装备技术实现重要突破。

随着“深海一号”为代表的超深水海底管道成功建成，我国海底管道工程装备技术能力已成功跻身国际先进水平，终于可以和世界先进“掰掰手腕”了。截至2023年，我国已铺设海洋油气管道超9000千米，相当于上海到巴黎的航线距离，建成了以亚洲首艘3000米级深水铺管起重船“海洋石油201”为代表的铺管船舶装备，自主掌握了恶劣海况及复杂地貌下海底油气管道设计、高效安装、应急处置及维保技术等在内的系列核心关键技术，作业能力从浅水、深水跨越到超深水，并实现单层、双层、配重、子母管、钢悬链立管等主流海底管道类型的全覆盖。

知识链接

世界上最大的油轮

从20世纪50年代末开始，西方船东发现，油轮越大，相对营运成本就越低。于是，许多船东竞相订购大型乃至超大型油轮，让油轮一路从10万载重吨（Gross Loaded Weight，GLW）跨越至70年代的50万载重吨。

1974年，一位希腊船东向日本住友重工位于横须贺的追浜造船所（Oppama Shipyard）订购一艘巨大型油轮，设计该油轮长376.7米、宽68.86米，船速16节[1]，41.8万吨载重，船体编号1016号。后来，由于希腊船东破产，这艘船转卖给了香港籍的船王董浩云，并被命名为"海上巨人号"。

董浩云在接手这艘船后要求造船厂变更设计规格，将原本已有48万吨水位的"海上巨人号"加长了数米，增加了87000吨的水位。"加长"后的"海上巨人号"1981年9月交船时，以其超过458米的船长和56.4万吨的载重能力，成为世界上最巨大的船只。

由于西方经济危机和油轮市场萧条，1983年下半年，"海上巨人号"被租赁给墨西哥石油工业公司用于储存原油。于是，一艘世界最大的油轮转而变成世界最大的水上浮动油库。之后，她也被用来在中东的波斯湾和美国之间运输原油。"两伊战争"期间，为了生存，"海上巨人号"和其他超级油轮仍然冒险进入波斯湾海域进行原油运输。

1988年5月14日，运载伊朗原油的"海上巨人号"航经霍尔木兹海峡时，遭伊拉克飞鱼反舰导弹击中，船身严重损毁，不久后便沉没在伊朗的卡克岛海岸外之浅海海域。"海上巨人号"又创造了另一项世界纪录——人类历史上被炮火击沉的最大船只。

随着"两伊战争"结束，1989年，"海上巨人号"在打捞起来后被拖至新加坡的吉宝造船厂进行大规模的修复工作，修复费用高达6000万美元，于是该轮的修复又得到堪称全世界最大规模船只修复工程的称号。1991年10月，"海上巨人号"被改名为"快乐巨人号"后重新复出。

之后，"快乐巨人号"几经转手，先后改名"亚勒维京号""诺克耐维斯号""蒙特号"，并于2010年1月4日，在印度古杰拉特邦的亚兰市海滩冲滩并开始拆解。如今，"海上巨人号"只剩下一个36吨重的船锚被放置在香港海事广场作为展览，向参观者讲述着它的不凡与过往。作为世界上长度最长的船，至今仍未被超越。

---

[1] 1节=1.852千米/小时。

海洋石油257

劈波斩浪保平安

海洋油气资源开发是一项十分危险的工作，恶劣的海洋环境、微小的设备故障、不经意的操作失误，都可能会对海上油气生产带来灾难性的后果。据《世界海上石油作业事故数据库》记载，仅1970—1997年间，全球就发生海上石油安全事故3431起，死亡1285人。另外，据统计，每年泄入海洋的石油和石油产品，就约占全球石油总产量的0.5%。可见，缺少安全保障，不仅见不到海洋油气开发带来的效益，甚至还会造成无法估量的损失。

然而，人类总是习惯在挑战中寻找出路。随着人们逐渐认识到海洋石油安全的重要性，一系列安全管理办法和技术不断涌现，可这一切都是通过惨痛的教训换来的。

阿尔法平台爆炸换来的《海上平台安全状况报告法》

在英国北海海域，曾发生过一起骇人听闻的海上石油平台爆炸事故——帕玻尔·阿尔法平台爆炸。这是世界海洋石油工业史上最悲惨的事故之一，造成了巨大的人员伤亡和经济损失。它震惊了整个英国，乃至全球海洋石油界，更直接推动了一部法律的诞生。

阿尔法平台是一座固定式大型油气平台，1976 年投入运作，距离苏格兰海岸约 193 千米，每天能够生产原油多达 25 万桶，是当时世界上最大最先进的石油平台之一。它不仅生产了当时整个北海 1/10 的石油，还集中了北海油区另外 3 个平台出产的石油和天然气。每天大量高压油气不间断地通过管道被输送到阿尔法平台，而石油工人的生活区就在这些危险的油气管道和设备的上面。

>>> 帕玻尔·阿尔法平台

1988 年 7 月 6 日，天气格外晴朗，阿尔法平台上 226 名员工像往常一样忙碌着。潜水工程师这天的任务还是按部就班地进行水下管道改造。但这天改造的管道位于消防泵进水口附近，如果消防泵突然自动启动，那么在附近作业的潜水员必然会被巨大的吸力吸住，生命不保。于是，他们一大早就口头申请将消防泵的开关放到了人工启动位置。殊不知，这也为灾难来临时的应急救援埋下了巨大隐患。

而维修工程师当天的主要工作就是对压缩泵 A 做日常维护。任务很顺利就完成了，在相关人员签字确认后，他便将完工的工程单送回了监督室。可随后，他又发现 A 泵的安全阀出现了问题，于是马上重新填写了一张工程单，申请卸下故障的安全阀。可当他风风火火跑到监督室却发现，监督员此时也正忙得热火朝天，因此他就随意把工程单放在了监督员的办公桌上。但当他拆下安全阀后发现，故障可比想象中严重多了，仓促之间很难修好。于是，他随手找了一个法兰填补了安全阀的“空缺”。可糟糕的是，他认为法兰只是临时替代用的，所以根本就没有把它上紧装

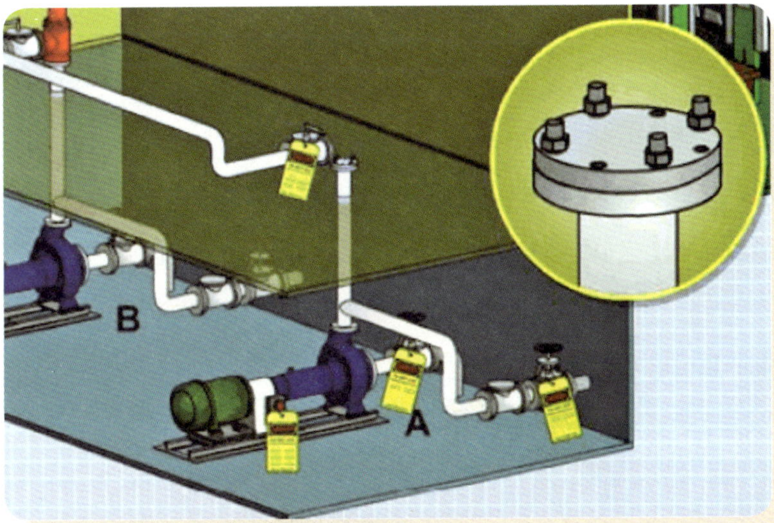

>>> 安全阀管口临时法兰螺栓未上紧示意图

牢。谁承想，就是这么一个“疏忽”，成了爆炸的直接“导火索”。

太阳慢慢坠入海面，大家也开始憧憬着下班后的美妙时光。但他们却忘记了两个最关键的事：把那个松松垮垮的法兰交代给接班的同事，并把消防泵的启动开关恢复到“自动”位置。很快，他们就为自己的“粗心”付出了代价。21 点 45 分，负责把液化气抽到管内并运送上岸的压缩泵 B 突然跳闸罢工了。这可急坏了当班人员，这样一来，不仅液化气无法正常输送，就连平台上的燃料也停止了供给，甚至沿线所有机器都被迫停了下来。他们反复重启 B 泵，但都没有成功，于是只能向监督室求救，申请启动压缩泵 A。监督员迅速翻了翻存放工程单的文件夹，终于找到了一张维护压缩泵 A 的完工工程单，于是马上通过对讲机向工人发布了命令——“重启 A 泵”。可那张申请拆卸 A 泵安全阀的工程单，却始终静静地躺在他办公桌的角落无人问津。接到指令的工人在 21 点 55 分，按下了压缩泵 A 的启动按钮，也顺带打开了通往地狱的大门。在巨大的压力下，大量凝析油像炮弹一样冲破法兰，警报声瞬间响彻整个平台。21 点 57 分，第一次爆炸声响起，平台的通信瞬间中断，管道和阀门的控制开关也全部失灵了。

这时，工人们才想起，消防泵的开关还一直处于人工启动状态，而唯一的本地开关还安装在了下层甲板。可当他们向下望去才发现，他们与下层甲板之间，早已变成一片火海。两名消防队员立刻全副武装，绝望地冲了下去。可从此之后，便再也没有人见过他们，而且直到最后，灭火系统也没能启动。

爆炸发生后，当班的监督员迅速中止了生产。而另外两个平台的监督员却不敢轻举妄动，只能焦急地等待着岸上的指令，并眼睁睁地看着大量油气不停地输送到阿尔法平台。可是，岸上的石油公司管理层并没有认清阿尔法平台险情的严重程度，认为监督员仍然能像其他平台发生的类似爆

>>> 凝析油发生泄漏示意图

>>> 事故现场计算机模拟场景示意图

>>> 爆炸席卷了帕玻尔·阿尔法平台

炸一样，想方设法控制住状况，也就没有及时发出任何指令。因为哪怕多生产一分钟，都意味着多赚取几万英镑，最后他们也终于为自己的贪婪付出了惨重的代价。大量油气混合物以 3 吨 / 秒的速度从管道喷出，火舌四射，大火不停吞噬着阿尔法平台的一切。20 分钟后，一次更猛烈的爆炸发生了，也直接摧毁了其他平台通往阿尔法平台的海底管道。刹那间，大火直接从海底冒出，此时一切都再也无法挽回。

工人们再次被巨大的爆炸声惊呆。他们望着漫天翻滚的浓烟和直冲云端的火柱害怕极了，都不约而同地向停机坪冲去。此时的工人们，只能把“生的希望”寄托在直升机的营救上。滔天的火光映红了整个北海油田，闻讯赶来的直升机只能无奈地在平台上方一圈圈盘旋，根本无法靠近。面对灾难，已经没有人组织大家有序撤离，很多人只能被迫从四五十米高的平台上一跃而下，跳入那片真正的“火”海。刹那间，平台上、海面上，哭泣声、哀嚎声、呼救声响成一片！当夜 23 时左右，生活区巨大的钢制横梁从平台上脱落，也正式宣告了寄希望于死守平台等待救援的工人们的“死期”。直到破晓时分，救援船才勉强靠近，将幸存者救下。最终只有 61 人活了下来，其余 165 人和 2 名救援人员不幸丧生。阿尔法平台也被彻底摧毁，他们再也没有机会去欣赏北海海面上那绚丽的日出。

如果维修工程师能把工程单亲手交到监督员的手上，如果操作人员启动 A 泵前能够亲自去检查一下，也许惨剧就不会发生。如果潜水工程师能把消防泵的开关及时放回自动启动位置，或者在控制室安装第二个开关，事故也许就会及时得到控制。如果事故发生后，其他两个平台能够立刻停止生产，恐怖的第二次爆炸也许也不会出现。如果平台上的工人们曾接受过正规的应急逃生训练，他们也许就不会选择在生活区等死。如果管理人员能够及时总结以往其他平台发生的类似事故教训，也

>>>帕玻尔·阿尔法油气平台爆炸着火现场

>>>爆炸引起的大火燃烧了整整7天才被扑灭

许悲剧就可以避免……但根本就没有“如果”，167 名遇难者再也不会醒来。

事后，英国政府任命苏格兰法官卡伦，带领团队对这次事故进行了公开调查，英国海洋石油工业协会也派出 34 名专家全程参与。1990 年 11 月，卡伦法官面向全球公布了世界工业界著名的“卡伦报告”，就改进英国大陆架石油作业安全状况提出了 106 条建议。特别是其中的安全状况报告、安全管理体系、安全立法和强化执法等建议都对现代安全管理产生了革命性的影响。可这是用 167 条鲜活生命换来的，这个代价实在太大了……

“深水地平线”一声巨响催生的“海底盖帽法”

您可曾看过一部名为《深海浩劫》的好莱坞大片？它正是改编自一个真实的事件，那就是被称为石油工业“9·11 事件”的美国墨西哥湾漏油事故。这起事故导致 11 名工作人员死亡、17 人受伤。更可怕的是，500 多万桶石油直接泄漏进墨西哥湾，6475 平方千米海域被浮油覆盖，成千

>>> “深水地平线”钻井平台

上万的海洋生物死亡，上百万家庭的居住地和生计遭受毁灭性打击。为了控制井喷漏油，BP 公司尝试了各种办法，可是收效甚微，直到“海底盖帽法”技术的横空出世。但这项技术的“成本”实在太高了，它不仅“花费”了数百亿美元，更对海洋环境造成了不可估量的影响。

“深水地平线”是一座半潜式石油钻井平台，耗资 3.5 亿美元，是当时最先进的深海石油钻井平台。它就像一座“小型城市”，面积相当于一个标准足球场，井架有 24 层楼高，有能够容纳 130 多名工人的居住区、补给船停靠区和直升机停机坪，还有 6 个柴油发动机，驱动着 4.2 万千瓦的发电机，电量足够一个小镇使用。当然，这一切都需要极高的成本，租金每天就要大约 50 万美元，其他承包运行费用每天也要接近 50 万美元。也正是因为如此高昂的费用，导致钻井成本大大超出预算，才驱使 BP 公司在施工流程和技术上开始寻求“捷径”，也为后来事故的发生埋下了可怕的“种子”。

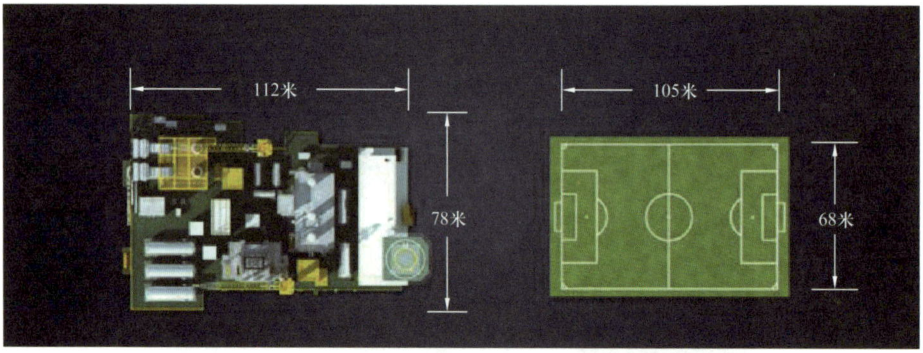

>>> “深水地平线”钻井平台面积示意图

2010 年 4 月 9 日，“深水地平线”钻井平台上的工人们正在为完井做着下入套管的准备。可此时的 BP 公司却针对下入套管的方案展开了激烈讨论。他们有两个选择，一种是下入长串套管从海底的井口直接延伸到井底，这种方式成本较低，而且至少可以节约 3 天工期，但是却存在一定的

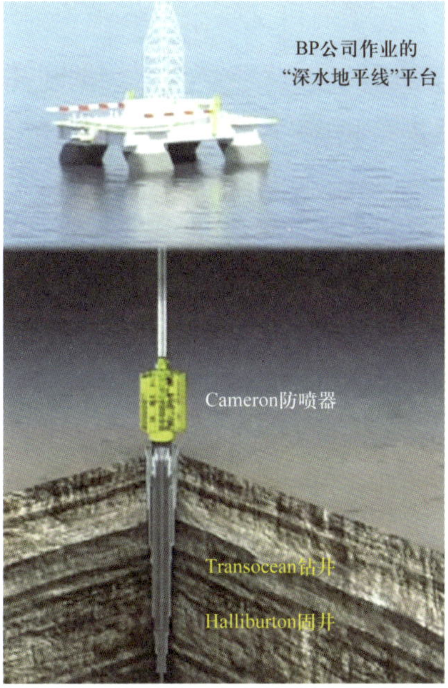

>>> "深水地平线"钻井平台作业示意图

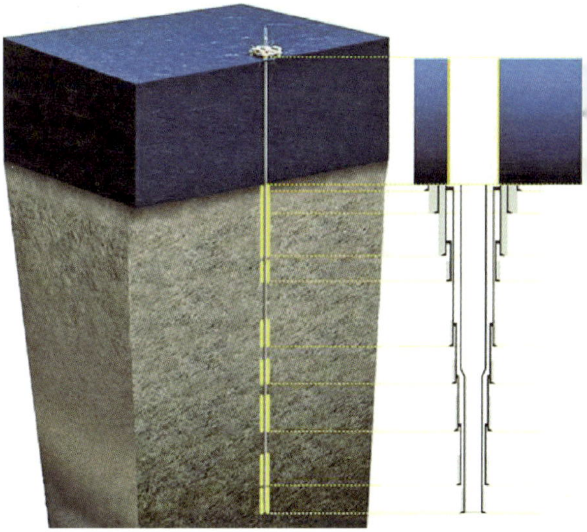

>>> "深水地平线"作业井——Macondo 井中使用的套管结构示意图

风险；而另一种方案则是像把一根细吸管先后插入两根粗吸管一样，并用水泥固定，成本相对偏高，但是更加安全可靠。经过测算，使用第一种方案不仅能够缩短作业时间，减少本就超期施工带来的巨大压力，更能直接节约 700 万～1000 万美元的成本。经过多天的讨论，BP 公司的专家们终于下定决心，他们还是在巨大利益的诱惑下，忽视了安全因素，决定直接下入长串生产套管进行完井。

4 月 15 日，施工开始了。可承担固井作业任务的哈利伯顿公司技术人员通过计算机模拟分析得出，要想顺利完成作业，至少需要 21 个起着"扶正套管"作用的扶正器，而当时平台上却仅有 6 个。虽然哈利伯顿公司方面反复建议，可 BP 公司却依然决定："继续施工"。显然，对于顶着工期和预算压力的"工头"而言，扶正器也已经成了一种负担。

在所有人的忧虑和担心中，套管终于下完了。可又一个“省钱计划”再次将“深水地平线”朝着“深渊”的方向推进了一大步。为了测试固井效果，BP 公司安排石油工程技术服务巨头斯伦贝谢公司来检验固井质量。于是在 4 月 18 日深夜，斯伦贝谢公司检测小组乘坐直升机飞往了“深水地平线”钻井平台。可 4 月 20 日早上 7 点，BP 公司的人员又通知检测小组：“你们可以回家了！”谁曾想到，这滑稽一幕发生的原因，仅仅是因为一次检测将花费 9～12 个小时，并需要支付 12.8 万美元的费用。于是，4 个小时后，检测小组又登上了返程的直升机，这时距离井喷事故发生仅还有 9 个小时。4 月 20 日 20 点，就在工人们向井筒内注入海水，希望将井内的泥浆替代出来的时候，突然发现泥浆出口的液量开始增加，很快便有油气从井口喷出，工人们立刻关闭环形防喷器。可是依然没什么作用，21 点 49 分，井口压力继续迅速上升，泥浆出口的流量突然增加，天然气携带着原油猛烈喷出。

一瞬间，整个平台充斥着油气，供电用的柴油发动机因吸入大量天然气开始超速运转，很快就因超负荷而跳闸，整个平台的电力系统立刻进入瘫痪状态。几乎在同一时间，爆炸声响起，大约 10 秒后，第二次爆炸再次发生。一股股泥浆从油井中喷涌而出，在月光的映衬下如同喷泉一般直冲云霄，接着散落在平台的每一个角落，并最终顺着海浪与四周的海水融为一体。不久后，井架上也燃起了熊熊大火，如同充满怨恨的地狱，恐怖极了。

随后，又发生了多次爆炸，这个 2.72 万吨的“大家伙”在一阵阵爆炸声中摇摇晃晃，工人们也都用尽各种方法逃离火海。有的急忙跳上救生船驶离现场，有的甚至直接从几层楼高的平台跃入大海，期待着自己能够被救援船发现。4 月 22 日上午 10 点，平台再次发生大爆炸，救援船队只能绝望地看着“深水地平线”慢慢沉入了深海……据统计，最终共有 11

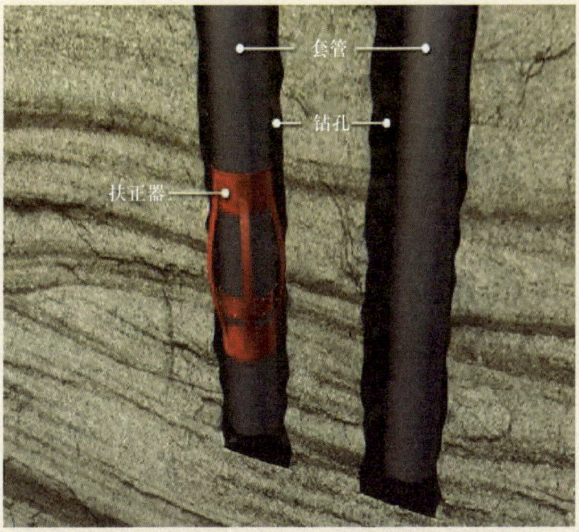

>>> 扶正器在井下工作情况示意图

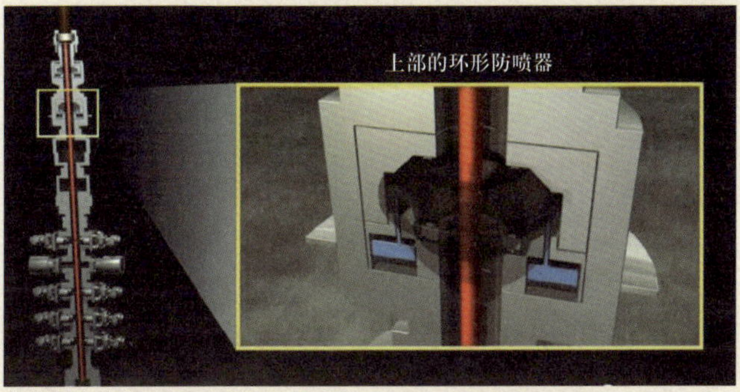

>>> 21 点 41 分关闭环形防喷器失败（因泥浆流速太快）

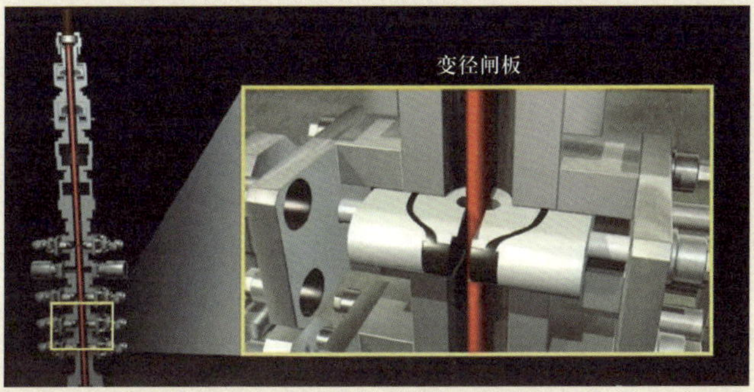

>>> 21 点 46 分尝试关闭变径闸板失败（因泥浆流速太快）

人在这次事故中丧生。

可更恐怖的事也接踵而来。随着“深水地平线”的下沉，用于连接油井的钢管很快便被折断，这就给天然气和石油提供了一个更通畅的“出口”。在随后的 3 个月里，共有近 9 亿升原油如同火山喷发般，源源不断地从这个“出口”涌入大海，平均每天多达 5000 桶。

事故发生后，BP 公司迅速在美国休斯敦设立了一个大型事故指挥中心，从 160 家石油公司调集了 500 人参与其中，成立了联络处、信息发布与宣传报道组、油污清理组、井喷事故处理组和专家技术组等机构，并积极与美国政府配合，寻求支援。同时，他们还专门聘请道达尔、埃克森等公司专家制定井喷漏油治理措施，只盼望能够尽快止住井喷。

行动很快就开始了。4 月 26 日，BP 公司出动多台水下机器人，试图关闭防喷器实现关井，可并没有成功。接着，他们又制造了一个重约 125 吨的大型控油罩，打算放到漏点处罩住泄漏的石油。但由于喷出的天然气遇到冰冷的海水形成了大量甲烷结晶，罩内很快就形成了堵塞，让控油罩根本无法发挥作用。于是在 5 月 8 日，BP 公司宣布，“控油罩”方案失败。

之后，专家们又设计了一个较小的金属罩，并放置在主漏油点，可是效果依然不佳。于是，5 月 14 日，专家们再次提出，希望能在漏油口安装一套类似虹吸管的装置，用来吸油。经过多次尝试，工程人员终于在 16 日遥控水下机器人，在大约 1600 米水深处成功将吸油装置连接到了海底输油管上，并开始将部分漏油输往一艘油轮。5 月 19 日，BP 公司宣称，通过这个方案，每天可以回收大约 3000 桶泄漏原油，占总量的 60%。可这样的效果根本达不到民众的要求。

随着来自美国政府的压力越来越大，BP 公司又在 5 月 26 日宣布，将启用“顶部压井法”封堵漏油，随后技术人员开始从井眼顶部向油井注入重钻井液和水泥。这个技术曾在陆地油井成功过，可在深海中还是第一次。施工进行了 3 天，经过 3 次反复尝试，可结果仍然不尽如人意。

一系列措施“无功而返”后，墨西哥湾漏油事件也进一步升级。面对越来越大的民众情绪，美国政府和 BP 公司又马不停蹄地制订新方案。很快，“海底切管盖帽法”横空出世。技术人员先是操控深海机器人，切断了防喷器上方的漏油管道，随后在 6 月 4 日成功下放一个“漏斗”型的装置“盖住”了漏油的油井，并将泄漏的油气抽出，输送到海面的油轮上。24 小时共收集原油 6000 桶，而 8 月 16 日美国官方更是估测每天能够收集 3500～6000 吨。对于 BP 公司和美国政府来说，他们终于可以稍微喘一口气了。

>>> “深水地平线”慢慢沉没

>>> 水下机器人拍到的漏油画面

>>> BP 公司设立了事故处理指挥中心

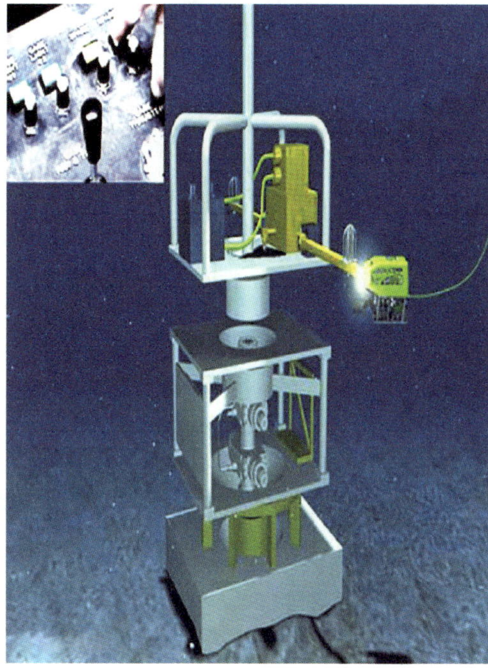

>>> 水下机器人尝试关闭水下防喷器，但因有东西卡住，计划失败

可他们深知，这些都是“治标不治本”的办法。因此，为了确保安全，BP 公司并没有放弃彻底封堵油井的想法，他们继续加快着救援井的钻进进度。第一口救援井 5 月 2 日就已经开钻，第二口也于 5 月 16 日开钻。终于在 4 个月的奋战后，部署在事故井东西两个方向的救援井顺利完钻。随后，技术人员通过两口救援井，在油层顶部实施了挤水泥封井施工。终于，在 9 月 19 日，BP 公司完成了“底部封堵法”作业，事故救灾总指挥萨德·艾伦也正式宣布：“墨西哥湾漏油井已被永久封堵！”此时，海底的原油已经持续泄漏了整整 87 天。

虽然事故已成功处理，还诞生了“海底盖帽法”等技术，可人类为此付出的代价实在是太大了。BP 公司不仅花费了巨额资金控制井喷、清理油污，还以创纪录的 208 亿美元与美国达成和解。可更让人心痛的是，11 名工作人员陪伴着“深水地平线”彻底离开了这个世界，而且事故对于人类的影响更是一场持续性的灾难。石油污染了成千上万平方千米的海域、海滩，墨西哥湾的生态平衡被严重破坏，无数鸟类和海洋生物死亡，甚至多个脆弱物种直接灭绝，上百万家庭流离失所。这无疑是全人类的灾难，人类必须吸取教训，否则还将为自己的愚昧、无知和贪婪而“买单”。

>>> “深水地平线”漏油事故对墨西哥湾的海洋环境造成了破坏性影响

“渤海二号”平台沉覆带来的海底自救技术

在中国海洋石油工业史上，同样发生过一起“本不该发生的悲剧”——“渤海二号”翻沉事故。它造成了巨大的人员伤亡，并在新中国加速发展阶段，为党和国家带来了难以估量的经济损失，也加快推动了中国海上石油安全生产和救援技术的发展，更是从一定程度上激励了中国海洋石油工业快速走上了自立自强的发展道路。

“渤海二号”是我国在 1973 年 4 月从日本购入的一个“二手货”，原名“富士号”。它是一艘自升式钻井平台，由沉垫、平台、桩脚三部分组成。总重量约 5000 吨，配有 4 根直径 2.6 米、高度 72 米的桩柱，设计抗风力 12 级。它可以在水深 30 米以浅的海域进行钻井作业，钻井深度可达 3000 米。虽然是个“二手货”，但其性能依旧比大连造船厂在 1970 年

>>> “渤海二号”钻井平台

自主研发的“渤海一号”先进很多。自引进起，它在中国海域完成钻井19口，总进尺54000多米，其中4口井喜获油流。就在中国海洋石油人期待它为国家作出更大贡献的时候，它却在拖航中轰然沉没在浩瀚的渤海湾中。

1979年11月，海洋石油勘探局的任务指标还没有完成，这可急坏了有关负责人。于是，11月19日，相关负责人指示“渤海二号”从完工的7B33−1井搬迁至相距216.68千米外的10B13−1井位，并要求12月底前钻至井深2500米。这是个非常危险的任务，冬季的渤海湾寒潮频发，而“渤海二号”又并不抗冰，加之新井位太浅，一旦结冰期前不能撤出，后果将十分严重。因此，海洋石油勘探局多次建议暂缓实施，可惜都被回绝了。

于是，11月22日上午，勘探局总调度室特意召开了拖航会议，专门部署拖航方案、安全措施等。然而，在部署中却出现了多项违规内容。首先，“渤海二号”在拖航前没有按规定卸载可变载荷，并排出压载水，导致平台重量超标、吃水过深，稳定性受到极大影响。其次，只委派一艘8000马力的“滨海282”号拖轮独轮拖行，并没有采用三轮并拖的方式，导致了平台速度慢、转向难、抗风能力弱。另外，在出发前也没有理会井队的申请，拒绝派潜水员打捞被海浪冲落到沉垫舱内的潜水泵，而是选择在沉垫舱与平台之间保留1米间隙，这又导致两者之间的连接不牢固、易断裂。

就这样，“渤海二号”带“病”做好了踏上“冒险”之旅的准备。拖航日期定在了11月24日，可根据天津、河北、山东三省气象台的预报，当天渤海湾将有6—7级大风。按照规定，在拖航降船前，如果12小时内存在5级以上风浪的可能，严禁降船。可相关负责人却指示：“将气象情况通知给‘渤海二号’，至于降船与否，由他们现场自己决定吧！”可是现场的同志又岂能不理解领导对他们的“信任”呢？

于是，在风高浪急的情况下，“滨海 282”号拖轮于 11 月 24 日 8 时 3 分，开始靠近“渤海二号”进行挂缆。谁料当即就出了一次事故，“渤海二号”的龙须搅缆将仅能承受 90 吨拉力的“滨海 282”号右后缆桩直接连根拔起。还好不是什么大事故，8 时 59 分，第二次挂缆成功，随即便强行降船。10 时 44 分，在“滨海 282”号“单枪匹马”的拖曳下，“渤海二号”踏上了奔向新井位的征程。

>>> “渤海二号”旧照

24 日晚 8 时，夜幕降临，“渤海二号”以 4.63 千米 / 小时的速度被缓缓拖行着。突然，风力渐强，达到了 8—9 级，阵风则高达 10 级。晚上 11 时 10 分，大浪涌上了甲板，将平台上没有卸掉的钻杆、氧气瓶等冲得到处乱滚，有的甚至直接掉进了海里。这时所有人的心都提了起来。次日 0 时 10 分，后甲板左舷第三个通风筒帽突然被汹涌的海浪打掉，海水瞬间从通风筒灌进泵舱。队长刘学立刻指挥全体人员进行抢险，大家急忙用苫布蒙住通风筒，并牢牢绑好。可更大的险情很快又来了。凌晨 2 时，警报响起，机舱钻井液泵配电盘因甲板电缆孔漏水而短路失火。明火虽能扑

>>> “渤海二号”翻沉事故现场

灭，但钻井液泵却已经不能启动，灌进泵舱的水也彻底无法排出。2 时 10 分，刚刚被蒙上苫布的通风筒又被从根部直接打断，海水顺着这个直径 800 毫米的洞口直灌泵舱。

队长刘学立刻发布命令：“钻一班去飞机平台拿苫布，钻二班跟我来堵漏孔！”而眼见苫布已经无法堵住洞口，副队长李华林又命令：“快去拿被子！”这时，平台上的海水已有 30 多厘米深，浪涌上来也已经盖过了人，洞口形成了很大的漩涡，苫布和棉被堵上去，也立刻像一片片树叶一样，瞬间被漩涡吞没。很快，底舱就被灌进了大量海水，应急发电机也被淹没，整个平台漆黑一团。也就在此时，队员们发现“渤海二号”的 3 号桩腿已经明显倾斜，船体也发生了严重的倾倒。

于是刘学果断下达命令：“全体穿上救生衣，上飞机平台！”凌晨 3 点，负责拖航的“滨海 282”号收到了来自“渤海二号”的电报：“通风筒进水已经无法控制，请求拖轮转向，让平台顶浪航行，以保护船尾！”“滨海 282”号随即尝试转向，但风浪实在太大，转向失败了。10 分钟后，“渤海二号”再次向“滨海 282”号发来求救信号：“我船开始下沉，赶快解缆救人！”几分钟后，又用内部频率发出紧急求救信号。这也是“渤海二号”发出的最后一丝“生的希望”。3 时 35 分，“滨海 282”号的船员已经再也看不到“渤海二号”的影子……就这样，“渤海二号”沉没在了东经 119°37′8″、北纬 38°41′5″、水深只有 27 米的渤海湾中，平台上 74 名员工也随着落入了漆黑冰冷的大海。

此时的“滨海 282”号拖轮上，同样是慌乱一片。在“快救人”的呼喊声和嘈杂的哨声中，船长蔺永志竟然忘记了按照航海规章立即发出“SOS”紧急求救信号并测定沉船位置，导致迟迟未能报出救援坐标。当时，“大庆九号”油轮离“渤海二号”只有 5.56 千米，仅需 20～30 分钟

工人日报

GONGREN RIBAO

严重违章指挥 造成重大责任事故

渤海二号钻井船在拖航中翻沉

死亡72人，损失3,700多万元，天津市人民检察院已受理此案，正在进行侦查

>>> 工人日报披露“渤海二号”钻井船翻沉事故

就能赶到。而当海洋石油勘探局收到求救信号，第一条救生船在 40 分钟后才起航，7 小时后才到达事发地点，一切都为时已晚。最终，经过一番抢救打捞，也仅有王墨林和阎学军两名船员获救，其余 72 名员工全部与“渤海二号”一起，葬身在了冰冷的渤海湾。

事故瞬间轰动了海内外，死难者家属在海边呼天抢地的哀哭，让每一个海洋石油人的心里都在滴血，而且给国家带来了 3735 万元的财产损失。因此，全国人大常委会批准，给予上任不到两年的石油工业部部长宋振明免职处分，给予国务院主管石油工业的副总理康世恩记大过处分，而海洋石油勘探局局长马骥祥等 4 名责任人甚至被判承担刑事责任。

同时，为了从技术上弄清“渤海二号”的翻沉真相，全国人大常委会决定，打捞沉船，委托权威部门进行模拟试验和分析。1982 年 7 月，交通部烟台海难救助打捞局终于将“渤海二号”分割成十大块打捞上岸。接着，第六机械工业部 702 所、上海交通大学、中国船舶科研中心、海洋石油勘探研究院等科研单位，对“渤海二号”残骸反复进行了实物科学技术鉴定、船模试验和电子计算机试验，终于还原了“渤海二号”翻沉的真相。

原来，沉船的直接原因是甲板上的 10 个通风筒被风浪打掉了 4 个，导致大量海水涌入泵舱、机舱，动力机械停止运行后无法排水，造成船体负荷迅速增加，从而丧失了稳定性，导致了“渤海二号”的沉没。

而这一问题的根源则在于船只本身的设计存在严重缺陷。一艘合格的钻井船会在机舱和泵舱之间安置一个起到隔离间作用的通舱，以便当船体进水时，通舱可以阻挡涌入的海水，延缓船体下沉，为救援争取宝贵时间，但“渤海二号”却省去了通舱设计。更危险的是，这艘船也没有设计应急排水系统和发电设备，加之通风筒没有风雨密封关闭装置，通风管道也没有水密封舱隔离阀，所以在海水涌入后，就彻底失去了“抵抗”能力。

可从另一个角度来看，事故能够造成如此大的人员伤亡，也足以看出我们在面对海上突发状况时，人员自救能力的严重不足。实际上，国外海上石油勘探队伍都有明确的弃船规定，在排险无效时，船长可以直接下令弃船，以挽救船员生命。而当“渤海二号”事故发生时，74 名船员却一心只想着抢救国家财产。另外，当一具具冰冷的尸体被打捞上来时人们才发现，所有英雄都被包裹在普通的棉服之中，没有任何保温措施，这样的装备，如何能够抵挡渤海湾冬天那刺骨的海水。后来，当石油工业部的领导赴美国墨西哥湾考察，看着美国的海上作业人员身穿专业密封防寒救生服时，无不痛心地说：“要是早些给每个出海的人员都配上一件，‘渤海二号’的工人也许有很多都能活下来。”

“渤海二号”事故之后，我国针对海上安全作业管理和安全设施配备，制定了一系列提升措施。特别是形成了一整套“海底自救技术”，要求出海作业人员必须经过培训取得海上作业“四小证”，一律穿戴防寒救生服，并定期组织安全演习，确保所有人员都能熟练掌握救生装备，为后续的安全生产打下了坚实基础。

中国海洋石油工业安全环保工作大揭秘

2021 年 10 月，台风“狮子山”和“圆规”接踵而至，严重影响了石油人在港珠澳大桥作业区的施工作业。按照香港海事处的规定，施工人员和施工船必须立即撤离。接到命令后，中国石油海洋工程公司的“中油海 281”船全船人员马上紧急召开防台风会议，部署相关措施，紧固设备，密切关注台风动向，紧锣密鼓地开展“避台风”行动。

>>>“中油海 281”船为“中油海 101 船”就位抛锚作业

很快，海面上便“乌云压境”，风高浪急，眼看这一巨型台风就要来临。281 船紧急协助“中油海 101”船和“滨海 109”船选择合适锚地避风，并及时将“中油海 101”船全部 139 名施工人员以吊笼的方式接了下来，再迅速转移至其他交通船撤离了作业现场，有效保证了施工人员和船舶的安全……

这样的紧急避险案例在近 40 年的中国海洋石油工业历程中还有很多。可如此出色的安全保障能力也并不是“一蹴而就”的，而是一代代中国海洋石油人，从全世界一起起惨痛事故中吸取教训，并最终转化为我们自己的安全环保“三有”法宝。

治理有“法”

碧海丹心，能源强国。中国仅用了短短几十年的时间，便走过了西方国家海洋石油工业的百年历程。完成这一壮举，不仅需要无数海洋石油人的艰辛付出，更需要一系列法律法规的“保驾护航”。下面，就让我们共同去探寻这些海洋石油安全生产法律法规背后的故事。

中国海洋石油总公司成立初期，我国海上石油作业安全管理还是一片空白。特别是在 1983 年 10 月“爪哇海”号钻井船沉没事件发生后，海洋石油人得到了两个教训：一是必须要有一个政府机构来具体负责海上石油作业的安全管理；二是必须要有一套真正的海上石油作业安全法规来约束管理。随后，经过 2 年的探索，石油工业部在 1985 年 5 月，在中国海洋石油总公司正式成立石油工业部海洋作业安全办公室，并授权其对在我国海域进行石油勘探的国内外所有石油设施与专业船舶实施安全监督管理。安全管理办公室一经成立，迅速开始了一系列“动作”。他们组织人员收集编译美、英、挪威等国家海洋石油作业安全法规资料，着手起草我国第一部针对海洋石油作业进行安全监督管理的法规。经过无数次讨论修改，《中华人民共和国石油工业部海洋石油作业安全管理规定》于 1986 年 12 月 24 日正式颁布，并于 1987 年 3 月 1 日生效执行。

此后，以这条法规为基础，我国又陆续颁发了多项相关法规，海洋石油作业的安全法规也逐渐形成了两大系列，共计 22 项。分别是以《中华人民共和国石油工业部海洋石油作业安全管理规定》为母法的 20 项法规和以《海上石油天然气生产设施检验规定》为母法的 2 项法规。直到 2006 年 5 月 1 日，《海洋石油安全生产规定》开始正式施行，《中华人民

国家安全生产监督管理总局令

第 4 号

《海洋石油安全生产规定》已经2006年1月6日国家安全生产监督管理总局局长办公会议审议通过，现予公布，自2006年5月1日起施行，原石油工业部1986年颁布的《海洋石油作业安全管理规定》同时废止。

局 长　李毅中

二〇〇六年二月七日

>>> 安全生产监督管理总局发布《海洋石油安全生产规定》，并废止《海洋石油作业安全管理规定》

共和国石油工业部海洋石油作业安全管理规定》才结束了自己 20 年的光荣使命，退出了历史舞台。

正是这些法律法规，为刚刚起步的中国海洋石油工业创造了一个稳定的成长环境，更为后续的飞速发展奠定了坚实的根基。

提升有“策”

作为中国最大的海上油气生产商，中国海油的海洋石油安全环保管理代表着我国最先进水平。原中国海油总经理傅成玉曾在采访中说道：“中国海油的一个核心理念就是以人为本，人是中国海油最宝贵的财富。在中国海油，遇到灾难的时候，我们可以损失掉几亿甚至几十亿元的设备，但是我们不能损失一个人。在中国海油，安全生产是最重要的指标，甚至超过了我们对业绩的追求。”

此话一出，语惊四座。因为这种理念与“不惜生命也要保护国家财产”的传统思想存在很大出入。但这也正是中国海洋石油工业 40 多年来保持安全稳定发展的奥秘所在。

看似“不合常理”的安全规章在中国海油随处可见。中国海油有一项

“五想五不干”制度：一想安全风险，不清楚不干；二想安全措施，不完善不干；三想安全工具，未配备不干；四想安全环境，不合格不干；五想安全技能，不具备不干。每一次施工前，员工都会在一张卡片上逐条写明本次作业的风险，以及对于风险的掌控能力是否足够。在这张小卡片上赫然写着：“如果遇到风险，请您为自己和家人考虑，第一时间逃离。”这种安全理念，也早已植入了每一名中国海油员工的心中。

在中国海油天津分公司流传着这样一个故事。一天，员工小李在检测油田生产时，发现存在安全风险，于是他毫不犹豫启动了ESED应急关断系统，使所有油气井停产了一天。然而，相关专业人员检查后却发现，当时并不存在所谓的安全作业风险，而是员工的认知有误。小李很忐忑，因为停产一天会给油田造成上百亿的损失。但让人惊讶的是，天津分公司并没有惩罚小李，反而对他给予了丰厚的奖励。原因很简单，因为他正是出于对作业安全的考虑才有此操作。

>>> 中国海油展厅展示的海油特色安全文化——“五想五不干”

2010年，正值中国海洋“上产5000万吨”、建设“海上大庆”的关键时期。在渤海油田绥中36-1作业区，就在工作最较劲的那段日子里，电工张顺利在安装电伴热线时却要求停工，而且一停就是半天，理由就是按照操作规程，电工操作必须两人配合，而当时却只有他一个人。这在其他企业或许并非合理要求，但在中国海油却是完全正常的，甚至是值得鼓励的。作业区生产监督张超面对张顺利这样的要求，马上就同意了，因为他的要求符合安全操作规程。

正是这样的教条和死板，使得中国海油这样一个高危企业，事故率低到了令人难以想象的地步。中国海油所实现的这5000万吨油气产量是真正不带“血”的产量，不仅是人员伤亡事故，即使是按照国际最严格的20万工时可记录事故率考核，中国海油都大大低于国际水平。在深圳分公司，那里不少油田的可记录事故率甚至为零。惠州油田一个作业区仅有的一次事故居然是一位员工开抽屉时碰破了手。因此，这个作业区为了消除事故，马上开展了“护手运动”，到处贴上了“护手”宣传画。

这正是整个中国海洋石油工业“以人为本”理念的缩影。超强的安全意识除了对海洋石油行业超高风险性的深刻认识，也与几十年来同西方公司经营理念的对接不无关系。以中国海油为例，多年来，他们始终秉持“安全第一、环保至上，人为根本、设备完好”的健康、安全和环境核心价值理念，建立了与国际接轨的高水准健康安全环保体系，制定了独具中国海油特色的HSE体系管理框架（简称“CHSEMS”框架），包含10大核心要素和70项具体管理内容，设立了专业的安全评价机构和环保博士后科研工作站，保持了良好的健康安全环保纪录，塑造了安全、绿色的能源企业形象。

特别是“十八大”以来，中国海油积极践行习近平生态文明思想，秉持“在保护中开发、在开发中保护”的理念，以更加绿色低碳的方式开展油气生产，努力实现生产污水“零排放”、追求井喷失控“零记录”、追求溢油污染“零事故”。在项目前期研究阶段优化项目选址及工艺路线，合理规避环境敏感目标，设置环境影响预评价、环评及其批复要求落实方案、环评变更报告等公司内部管控环节；在建设运营过程中积极采取避让环境敏感期、削减污染物排放量、加强溢油事故防控、设置生态补偿资金等措施，积极关闭传统生产污水排放口，打造污水处理系统，尽可能减少对海洋生态环境和渔业资源的损害，以达到海洋油气开发与环境保护两者兼顾的目的。

此外，在应急响应环节大力自主构建完善溢油应急系统，累计投资数亿资金建设了多个漏油防护基地和多艘专业环保船，溢油处置能力达到380 立方米 / 天，打造了专业的溢油应急队伍，建成了“2～6 小时溢油应急响应圈”，可为国内油气田提供从预防、监测到应急响应、事故恢复等全流程溢油应急保障服务，为清洁绿色发展提供了坚强后盾。

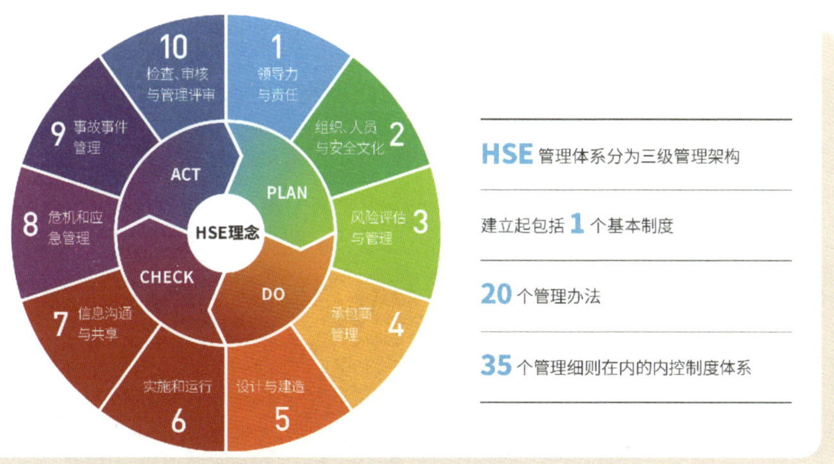

>>> 中国海油特色的 HSE 体系管理框架（简称“CHSEMS”框架）

中国海油作为“中国海油海洋环境与生态保护公益基金会”的主要捐赠人，自2012年起持续支持中国海油公益基金会开展海洋环境与生态保护行动。

管控有“果”

“渤海二号”事故的教训对于中国海洋石油工业来说是惨痛的，它也彻底“打醒”了中国海洋石油人。发展初期，我们的海洋石油队伍“下海”之后仍“不识海”，走了许多本可以不走的弯路。中国的海洋石油工业，以悲剧的形式，结束了一个悲壮的时代。事故之后，康世恩、唐克、焦力人、张文彬、秦文彩等一批先驱，多次要求广大海洋石油工人正确吸取教训，严格执行规章制度和安全规程，健全生产指挥系统，确保海上石油作业万无一失。此后，万千海洋石油人放下了思想负担，讲求科学，讲求安全，讲求效率，慢慢翻开了中国海洋石油工业安全绿色发展的新篇章。

>>> 中国海油定期举行消防、溢油等综合演习

海洋石油人言必信，行必果。几十年来，随着我国经济社会的高速发展，在广袤海洋中找油找气的任务更加艰巨。为了进一步提高生产效率，许多先进技术和装备纷纷被投入到海上油气勘探开发中，可是在为中国海洋石油工业注入新生机的同时，也同样带来了更多风险。西方国家对技术装备的限制、我国自主设计能力的欠缺及人员操作水平的不足，都决定了在很长一段时间里，我国海洋石油工业的风险始终居高不下。特别是随着海洋油气资源开发慢慢走向深海，作业环境更加恶劣、技术难度与日俱增，也进一步加大了生产作业风险。同时，随着海洋资源开发逐步向新区块、新地层、新领域延伸，新人员、新设备、新技术、新工艺引进力度的不断加大，以及在探索发展海上风电、氢能、天然气水合物等新能源业务过程中，我国海洋石油工业面临的安全环保风险管控压力也在持续增大。

针对这些问题，海洋石油人甚至政府部门，都采取了一系列重要举措，并取得了显著成绩。按照国际标准建立了完善的安全管理体系，通过教育培训，员工安全意识和技能水平持续提升，事故频次逐年下降，应急响应系统逐步健全，专兼职应急救援队伍水平不断提升，“空中 120”救援体系实现了全覆盖。大力推进清洁绿色开发，建设了曹妃甸 6-4 等一批海上“绿色油田”，先后与英国、加拿大等国的环保专家开展了“海上溢油应急计划”“海上溢油漂移模式”等合作项目。台风防范能力也得到了国际认可，特别是我国自主研发的“海洋石油 981”深水半潜式钻井平台承重 12.5 万吨，最大作业水深 3000 米，即使面对百年一遇的台风，也会岿然不动，安然无恙。

>>> 中国海油在海上布设围油栏作业

>>> 将海上生产生活垃圾运回陆地做无害化处理

>>> 中国石油海洋工程公司开展海上消防应急演练

>>> 海上清洁能源开发

知识链接

国际海洋保护公约

国际海洋保护公约（International Convention for the Protection of the Sea）是一项旨在保护海洋环境和海洋资源的国际公约。该公约的目标是通过国际合作推动海洋环境的保护和可持续利用。

国际海洋保护公约由国际海洋组织（International Maritime Organization）于1973年通过，并于1982年修订，后被广泛接受和批准。目前，全球大部分国家都是公约的缔约国。

该公约包括一系列规定和原则，涉及海洋污染的预防和控制、海洋生物多样性保护、海洋生态系统的保护等方面。公约规定了国际海洋污染的标准和控制措施，推动了国际海上行业对环境的关注和改善，保护了世界海洋的整体环境质量。

除了国际海洋保护公约，还有其他一些相关的国际公约和协议，如海洋生物多样性公约、渔业管理和保护公约等，共同构成了国际社会对海洋环境保护和可持续利用的法律框架。这些公约和协议的目标是保护海洋环境，维护健康的海洋生态系统，并促进海洋经济可持续发展。

参考文献

蔡湛，钟汉，2006. 走进海上浮动码头［J］. 中国石油石化（23）：60-61.

蔡映红，2011. 文昌油田及相关作业活动防污染探讨［J］. 中国水运（12）：32-33.

蔡元浪，张广磊，杨小龙，等，2024.“深海一号”平台聚酯缆系泊系统设计［J］. 船海工程，53（2）：121-125.

陈耕，2008. 改革开放伟大事业的生动实践——我国石油工业改革开放30年回顾与思考［J］. 中国石油企业（11）：16-20.

陈邦敏，王忠畅，张晖，等，2021. 大型半潜式生产平台桁架组块设计关键技术——以陵水17-2气田“深海一号”能源站为例［J］. 中国海上油气，33（3）：193-200.

陈国栋，王晶，2020. 燃烧的冰［M］. 北京：金城出版社.

陈庆虎，2023.“深海一号”能源站开发模式关键技术研究与应用［J］. 科技资讯（15）：150-156.

陈晓磊，2011. 浅谈海洋石油企业从浅水到深水开采发展［J］. 今日湖北（下半月）（8）：120.

春江，1980. 本来不该发生的悲剧——“渤海二号”翻没记［J］. 劳动保护（9）：4-7.

崔燕，2009.“渤海友谊”号FPSO横空出世［J］. 中国船检（9）：70-73.

崔玉波，2015. 页岩油压低了国际油价？［J］. 石油知识（2）：4-6.

董岩，王革，2009.“渤海二号”钻井船翻沉案的历史回顾与反思［J］. 北京：中国石油大学学报（社会科学版），25（6）：70-74.

方振砉，2013.“渤海2号”翻沉真相［J］. 中国石油石化（23）：76-79.

傅成玉，2008. 当代中国海洋石油工业［M］. 北京：当代中国出版社.

郭启辉，2011. 中国石油产业组织结构及规制问题研究［D］. 武汉：华中科技大学.

郭小哲，2012. 世界海洋石油发展史［M］. 北京：石油工业出版社.

侯静，刘孔忠，熊刚，2020.“海洋石油201”用于陵水17-2气田深水钢悬链立管铺设的可行性分析［J］. 中国海上油气，32（6）：150-157.

胡文瑞，2013. 页岩气将工厂化作业［J］. 中国经济和信息化（7）：18-19.

胡文瑞，2021. 加油争气［M］. 北京：石油工业出版社.

黄保家，张泉兴，张启明，1992. 莺歌海油气苗调查及其成因探讨［J］. 中国海上油气，6（4）：1-7.

金强，2012. 中国海洋油气开发［M］. 长春：吉林出版集团有限责任公司.

康胜利，1999.“渤海二号事件”的部分内幕［J］. 劳动保护（7）：1.
李斌，冯奇坤，张异彪，2019. 海上 OBC-OBN 技术发展与关键问题［J］. 物探与化探，43（6）：1277-1284.
李达，易丛，白雪平，2012. 超大型平台安装试验研究——以荔湾 3-1 气田中心平台为例［J］. 中国海上油气，24（1）：65-69.
李达，易丛，白雪平，等，2021. 陵水 17-2 气田“深海一号”能源站立柱储油关键技术［J］. 中国海上油气，33（3）：170-179.
李伟，1999. 惠州 21-1 油田精细油藏工程研究［J］. 中国海上油气，13（3）：224-228.
李中,2023. 中国海油“深海一号”大气田钻完井关键技术进展及展望［J］. 石油钻探技术，51（4）：88-94.
李文平，郝志强，2011. 一切均不可恃——“深水地平线”钻井平台爆炸事故的启示［J］. 安全、健康和环境，11（2）：55-56.
梁涛，邓生辉，2006. 构建中国石油安全战略体系思考［J］. 石油地质与工程（6）：100-102.
梁晓玲，2010. 海上自升式钻井平台升降控制系统设计与研究［D］. 大连：大连海事大学.
林肖也，吴翠萍，李宏亮，2018. 向海而生又谱华章——世界级 FPSO 交付巴西“海油建造”驶入南美浮体市场［J］. 中国石油企业（5）：17-21+2.
刘磊，迈夫，2009. 原油开采的历史与油价波动的经济影响研究［J］. 云南财经大学学报（社会科学版），24（4）：30-32.
刘宝和，2011. 中国油气田开发志（南海东部油气区卷）［M］. 北京：石油工业出版社.
刘少才，2006.“爪哇海”号钻井船沉没记［J］. 劳动保护（5）：76-77.
刘少才，2012. 海上钻井平台之痛——阿尔法石油钻井平台爆炸事故始末. 中国安全生产.
刘宪阁，2012. 渤海二号沉船事故报道之台前幕后［J］. 新闻记者（8）：78-84.
刘雪宜，林杨，李爱刚，2015. 局部停产状态下单点滑环更换方案设计与实践——以“渤海友谊号”单点系泊系统为例［J］. 中国海上油气，27（5）：125-129.
刘增洁，贾庆素，2013. 沙特阿拉伯油气资源现状及政策回顾［J］. 国土资源情报（6）：42-44.
刘振华，2009. 西沙海战胜利原因分析及对当前南海争端的启示［J］. 法制与社会（9）：366-367.
陆晓如，2021. 跨越深海的实践样本［J］. 中国石油石化（13）：50-51.
栾苏，韩成才，王维旭，等，2008. 半潜式海洋钻井平台的发展［J］. 石油矿场机械（11）：90-93.

罗明，1999. 中国海洋石油总公司志［M］. 北京：改革出版社 .
马小飞，2021. 荔湾 3–1 气田开发模式用于南海天然气水合物开发的可行性评估［J］. 复杂油气藏，14（3）：114–118.
马忠军，2006. 美国“大中东民主改造计划”评析［D］. 乌鲁木齐：新疆大学 .
冒家友，阳建军，原庆东，2014. 流花 4–1 油田开发项目中的技术集成创新及应用［J］. 中国海上油气，26（增刊）：39–43.
宁静远，2019.“海洋石油 981”二三事［J］. 国企管理（10）：70–73.
秦文彩，孙柏昌，2003. 中国海：世纪之旅［M］. 北京：新华出版社 .
清波，2007. 重大事故回放：英国阿尔法平台爆炸事故［J］. 现代班组（8）：45.
史三东，2012. 走近“海洋石油 981”深水钻井平台［J］. 国防科技工业（6）：52–54.
舒小昀，2007. 北海油气资源开发的影响［J］. 海洋开发与管理（4）：7–11.
孙安林，2005. 中日合作开发埕北油田及其启示［J］. 国际问题研究（6）：19–21.
田野，2021.“深海一号”傲然面世——中国海洋石油勘探开发进入“超深水时代”［J］. 中国石油企业（6）：24–32+111.
王才良，2007. 从马拉开波湖到奥里诺科：委内瑞拉石油工业史话［J］. 中国石化（3）：61–62.
王飞琼，2001. 埕北油田开发特点与认识［J］. 中国海上油气，15（6）：399–404.
王志业,2021. 深水铺管船“HYSY201”海管铺设流程简介［J］. 石油和化工设备,24（12）：72–75.
魏超南，陈国明，2012.“深水地平线”钻井平台井喷事故剖析与对策探讨［J］. 钻采工艺，35（5）：18–21+7.
文静，2020. 军事环境史视域下的第一次海湾战争研究［D］. 天津：天津师范大学 .
鲜玉萍，李若冰，2012. 利剑出鞘，中国挺进深海：“海洋石油 981”首钻深海透视［J］. 紫光阁（7）：66–67.
徐可强，张宗鹭，2021. 鼎立南海［M］. 北京：石油工业出版社 .
徐维鸣，1989. 52000 吨浮式海上储卸油船建造完工［J］. 船舶工程（4）：54.
徐炜华，肖刚，2011.“海洋之殇”：深水地平线事件引发的思考 . 中国海洋平台，26（6）：6–8+42.
闫建文，2020. 中国海上第一井：海 1 井［J］. 石油知识（5）：44–363.
杨莹，2017. 中国海洋石油勘探开发史简析［D］. 北京：中国地质大学（北京）.
杨金玉，杨艳秋，赵青芳，等，2011. 北海盆地油气分布特点及石油地质条件［J］. 海洋地质前沿，27（12）：1–9.

伊然，2018. 早期世界海洋钻井装备小史［J］. 石油知识（5）：28–29.
尤学刚，周守为，张秀林，等，2022.“深海一号”能源站建设实践与创新［J］. 中国工程科学，24（3）：66–79.
俞学礼，1999. 海洋石油开发百年回顾［J］. 科学，51（4）：30–33+2.
袁伟，2013. 石油之湖马拉开波［J］. 中国石油企业（10）：122–123.
袁鑫，2010. 系泊缆索动力分析数值方法研究［D］. 哈尔滨：哈尔滨工程大学 .
袁晓兵，欧宇钧，卢沛伟，等，2015. 流花 11–1 油田水下采油树测试方法研究［J］. 石油机械，43（6）：35–39.
张波，黄长穆，1998. 中国南海流花 11–1 油田的深水开发技术［J］. 中国海上油气，10（3）：36–44.
张帅，2016. 委内瑞拉石油资源开发的历史透视与前景展望［J］. 国际石油经济，24（8）：78–86.
张光明，朱明，于爽，2017. 深水新星缘何堪称最先进？——实地探访深水钻井装备“海洋石油 982”［J］. 机电设备，34（5）：61–62.
张贺举，高弘毅，程宝庆，等，2023. 南海北部琼东南盆地大中型气田天然气运聚成藏特征对比及启示［J］. 广东石油化工学院学报，33（3）：7–12.
张红玲，2013. 海洋油气开采原理与技术［M］. 北京：石油工业出版社 .
张位平，2010. 中国海洋石油发展回顾与思考［M］. 北京：石油工业出版社 .
中国海洋石油总公司，2015. 中国海洋石油科技 30 年［M］. 北京：地质出版社 .
中国石油东方地球物理公司党委，2021. 锚定一流［M］. 北京：石油工业出版社 .
周珊，王才良，2004. 海上钻井装置的发展历程［J］. 石油科技论坛（2）：46–51.
周煜，2006. 自升式海洋平台设计方案评价体系研究［D］. 大连：大连理工大学 .
周守为，2015. 前言——记超深水半潜式钻井平台“海洋石油 981”研发与应用［J］. 海洋工程装备与技术，2（6）：351–352.
周守为，李清平，2020. 开发海洋能源，建设海洋强国［J］. 科技导报，38（14）：17–26.
周守为，王佩云，2019. 深海利器 981［M］. 北京：作家出版社
周守为，曾恒一，林瑶生，等，2021. 海洋重大技术装备项目管理成效与启示——以“海洋石油 981”平台研制为例［J］. 石油科技论坛，40（3）：108–112.
周延东，刘日柱，1998. 我国海底管道的发展状况与前景［J］. 中国海上油气（工程），10（4）：1–5+4.
朱海山，李达，2021. 陵水 17–2 气田“深海一号”能源站总体设计及关键技术研究［J］. 中国海上油气，33（3）：160–169.

《鼎立南海》采写组,2021. 鼎立南海“深海一号”超深水大气田建设全景纪实［M］. 北京：石油工业出版社 .

《奋进 40 年》创作组，2018. 奋进 40 年——中国海油改革开放的闪亮记忆［M］. 北京：石油工业出版社 .

《海上石油城：过去与未来》编写组，2010. 海上石油城：过去与未来［M］. 广州：世界图书出版公司 .

《海油故事 · 启示》编委会，2014. 海油故事 · 启示［M］. 北京：石油工业出版社 .

《勇立潮头》编写组，2022. 勇立潮头——中国海油 40 年辉煌发展之路［M］. 北京：中国石化出版社 .

Peter Lehner，Bob Deans，2011. 深海危机：墨西哥湾漏油事件［M］. 北京：人民邮电出版社 .

中国海油赋

碧水苍苍，海天茫茫，旭日东升，万里霞光。中国海洋石油，宛若初生太阳。

抚今追昔，心绪飞扬。中国海油，蹒跚起步，历经坎坷，几多沧桑。莺歌海疆，张羽煮海，气泡跳跃，油花闪亮，唤醒华夏海油梦想；渤海湾畔，精卫填海，立桩扎基，劈涛斩浪，昂首挺立茫茫海洋。水天一色立钻塔，狂涛万里采油忙，飓风呼啸助神威，滚滚巨轮竞出航。机声震天鲸鲨跑，海上人烟鸥鹭翔。海中巨浪，永不止息；海油赤子，奋发图强。

海纳百川，有容无量。中国海油，对外开放，师夷长技，博采自强。携手国际，驰骋海上；合作交流，共创辉煌。海上区块招标，一轮延续一轮；海上工程合作，一桩接连一桩。渤海海域，中日联手搞开发；南海诸区，合作伙伴多西洋。学跑跟跑，开拓进取，赶上世界步伐；并跑领跑，锐意创新，展示中国力量。

科技为先，创新为纲。中国海油，科技兴海，引领时代，智慧图强。渤海友谊号，浮式生产储油船，十大名船列前茅，神州制造破天荒；海洋 981，五型六船巨无霸，巍巍巨人傲然立，全球瞩目挺脊梁；蓝鲸一号，钻井平台显神通，水下深探可燃冰，海底惊现新宝藏；深海一号，生产储油庞然物，千米深水搏激浪，蓝色国土镇南疆。

中华巨龙，腾跃海疆。中国海油，书写历史，创造辉煌。海上大庆连大庆，亿吨产量勇担当。浅海转深海，近水再远洋。智探聚宝盆，逐梦蓝海疆。海陆油气并举，绿色环保安康。海洋石油，能源之光，国之重器，民族栋梁，恍如海上明珠，璀璨生辉，照亮未来，光耀东方。

悠悠华夏神州，绵绵海阔天长。滚滚波涛连天峰涌，座座平台傲立海上。富强华夏，连接世界，以海为廊。展望未来，中国海油，碧海丹心，能源兴邦，奋斗创新，勇于担当。前程路上，充满生机，饱含力量，满怀希望。惟愿兮：海油精神，似不尽海水，永世流芳；海油事业，以钢铁之躯，永续辉煌。